다른 사
더 것진 삶을 살 수 있습니다.
(Helping People Live Better Lives.)

— 리치 디보스 & 제이 밴 앤델 —

님께
_____

자기 사업을 통해 성공을 꿈꾸는
소중한 당신에게 이 책을 드립니다.

드림
_____

경영과학박사 장영의

라이프 코칭 비즈니스

경영과학박사 장영의

라이프 코칭 비즈니스

장영 지음

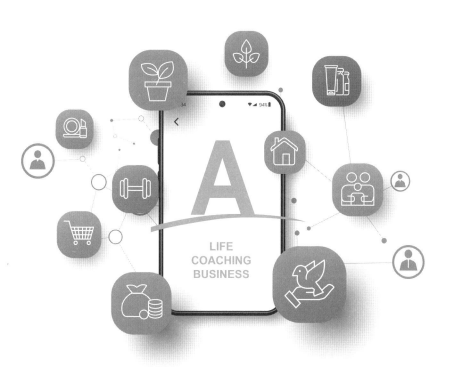

전나무숲

건강 & 웰니스 시장은
국내 GDP의 25%를 차지하는 큰 시장이다.
글로벌 No. 1 헬스케어 플랫폼 비즈니스에 올라타라.
선점하는 자가 성공한다.

성공으로 가는 길은
대중과는 반대편에 있다

18세기 프랑스의 사상가 장자크 루소는 "성공으로 가는 길은 대중이 가는 길 반대편에 있다"라고 말했다. 정치는 다수결의 원칙이 지배하지만, 경제는 소수결의 원칙이 지배하며 결국 소수결의 원칙을 터득한 사람들이 돈을 번다. 세계적인 갑부 빌 게이츠와 스티브 잡스, 워런 버핏, 마윈, 손정의, 제프 베조스, 일론 머스크에게 물어보라. 어떻게 하면 부자가 될 수 있는지를. 아마 그들은 "모든 사람이 관심을 가지고 달려드는 분야는 경쟁도 심하고 먹을 게 없으니 대중이 가지 않는 길을 가라"고 할 것이다. 그들이 바로 남들이 가지 않는 길을 선택해서 성공한 사람들이다.

말이 쉽지, 대중과 반대로 가는 길, 즉 남들이 가지 않는 길을 선택하는 것은 믿음과 용기가 있어야 가능한 일이다. 생각과 행동은 동시대의 가치관이나 상식에 영향을 받기에 의식적으로 반대로 간다는 것은 쉽지 않은 일이다. 그러므로 그런 선택을 하는 사람들은 극히 소수이며, 그들이 결국 부자가 된다. 이렇듯 성공으로 가는 길은 대중이 향하는 길과는 반대편에 있다. 암웨이를 바라보는 시각도 그렇지 않은가. 아직도 암웨이에 대해 편견을 가진 사람들이 많은 것 같다. 그 편견이 어디에서 생겨났든, 암웨이를 제대로 이해하려면 대중과는 다른 관점으로 바라볼 줄 알아야 한다.

미국의 트럼프 전 대통령에게 어느 방송 진행자가 물었다. "부동산 사업을 하지 않았다면 무엇을 했을까요?" 그러자 트럼프는 "아마 직접판매(Direct Selling) 사업을 했을 것"이라고 망설임 없이 대답을 했고, 그 대답에 방청객들이 "에이~" 하고 야유를 보내자 트럼프는 정색하면서 "여러분의 그러한 고정관념 때문에 여러분은 방청석에 앉아 있고, 나는 이 무대의 주인공이 되어 있는 것입니다"라고 답했다고 한다. 얼마나 정곡을 찌르는 말인가. 트럼프도 여러 가지 공과가 있지만 사업수완과 통찰력이 대단한 사람임은 틀림이 없다. 미국의 대통령이 되기 전의 트럼프는 《부자 아빠 가난한 아빠》의 저자 로버트 기요사키와 함께 《기요사키와 트럼프의 부자》(2007년)를 썼을 정도로 직접판매 사업에 대한 이해도가 높았던 사람이다.

나도 한때는 암웨이 회사에 대한 고정관념이 있었다. 그러나 25년 이상 이 분야를 공부하고 실전으로 경험해보니 제대로 이해하고 활용하면 인생의 큰 축복이라는 사실을 알게 되었다.

대부분의 사람들은 어떤 사물이나 대상에 대한 고정관념이 있으면 더 이상 알아볼 생각도 하지 않는다. 그런 행동이 습관이 되면 자기가 알고 이해하는 범위 안에서만 결론짓고 행동하게 되어 결국 발전이 없는 삶을 살게 된다. 이처럼 생각의 차이는 큰 빈부의 차이를 낳는다. 이 책을 펼친 여러분은 '내 생각이 틀릴 수도 있어' 하는 열린 마음과 '내가 아는 것이 전부가 아닐 수도 있어' 하는 겸손한 마음으로 책장을 넘겨보길 기대한다.

_장영

"인생의 큰 즐거움은
끝없이 돈을 버는 데서 오는 것이 아니라
부를 창출하고 이웃과 사회와 나누는 데서 온다.
모든 사람은 자신이 가진 재능과 능력을
가장 효율적인 방법으로 활용해
하나님과 이웃을 위해 써야 한다.
우리가 얼마나 많이 가졌는지
적게 가졌는지가 중요한 게 아니라.
우리가 가진 것을 최대한 활용해
어떻게 부를 창출하느냐가 중요하다.
개인의 부를 나누는 것은 선택사항이 아니며,
이웃과 사회에 반드시 공유되어야 한다."

리치 디보스 & 제이 밴 앤델
암웨이 공동창업자의 인터뷰 중에서

제1장

Why 암웨이,
My 암웨이

나에게도
꿈이 있었나?

여러분은 어렸을 때 어떤 꿈을 꾸었는가? 어떤 사람이 되고 싶었는가? 어렸을 때는 선명한 꿈이 있었는데, 성인이 되어서는 꿈이 있었는지조차 모른 채 살고 있지는 않은가?

나의 자화상

나는 아폴로 세대다. 아폴로 11호가 달에 착륙하는 모습을 보면서 우주에 대한 꿈과 희망을 품었던 아이들 중 한 명이었다. 초등학교 2학년 때인 것 같다. TV에서 인류가 달에 발을 내딛는 모습을 보고 흥분했던 기억이 지금도 생생하다. 그래서인지 어렸을 때의 꿈은 과학자였다. 과학자가 되면 멋진 인생을 살 수 있을 줄 알았다.

지금은 과학자로 살고 있지는 않지만, 카이스트(KAIST)에서 경영과학을 전공하고 비슷한 길을 걷는 동안에는 '이게 과연 내가 어렸을 때 되고 싶어 했던 모습인가', '내가 되고 싶어 한 모습으로 살아가고 있는가' 하는 의구심이 들 때가 많았다. 왜냐하면 일은 좋은데 시간에 늘 쫓기고, 하고 싶은 일은 하지 못하고, 재정적으로 여유롭지 못하고, 도움이 필요한 가까운 분들을 선뜻 도와주지 못했기 때문이다.

우리 모두는 꿈 많던 어린 시절과 학창 시절, 젊은 시절을 거쳐 지금에 이르렀다. 하고 싶은 것도 많았고, 가고 싶은 곳도 많았고, 또 되고 싶은 것도 많았다. 하지만 각박하고 분주한 삶을 살아오면서 꿈을 잊은 채 허둥지둥 지내왔다. 여러분은 어떤 꿈이 있었는가? 지금도 그 꿈을 이루기 위해 애쓰고 있는가? 아니면 "살아가기도 힘든데 무슨 놈의 꿈" 하고 체념한 지 오래됐는가?

사람은 원래 꿈을 실현하면서 자유롭게 살기 위해 태어났다고 한다. 단순히 먹고 자고 싸고 종족을 늘리기 위해서 태어난 것만은 아닐 것이다. 이 세상에 태어났으면 무엇을 하든 조금이라도 더 나은 세상을 만드는 데 기여하고 가야 후회가 없을 것이다. 지금 그런 꿈을 현실로 이루면서 살아가고 있다면 참으로 행복한 사람이다. 그런 분들은 이 책을 덮으셔도 좋다.

그러나 지금 자신의 모습이 만족스럽지 못하고 좀 더 나은 삶을 꿈꾼다면 이 책을 끝까지 읽어보기 바란다. 나 또한 이 책에 담긴 내용을 통해서 그동안 잊고 살았던 꿈을 되찾았고, 현실로 하나하나 이루어가고 있기 때문이다. 여러분도 나처럼 잃어버린 꿈을 되찾아 멋진 인생을 살게 되기를 진심으로 바란다.

능력 있던 내 친구들은 이제 절반 이상이 직장에서 은퇴하고 새로운 일을 찾고 있다. 하지만 나는 직장에 매달리지 않고 내 사업을 꾸준히 준비해왔기에 은퇴에 대한 걱정을 하지 않는다. 여러분도 멋진 인생, 후회 없는 인생을 살기를 응원한다.

우리의 자화상

- 시간과 돈에 늘 쫓겨 사는 삶
- 도움이 필요한 사람들을 돕고 싶어도 돕지 못하는 삶
- 신용카드와 대출로부터 자유롭지 못한 삶
- 부모와 자식을 잘 돌보지 못하는 삶
- 내가 하고 싶은 일을 하지 못하는 삶

10년 뒤
나의 인생은?

우리 대부분은 학교 문을 나서자마자 일을 한다. 우리 중 70~80%는 직장에서, 20~30%는 자영업이나 전문 분야에서 일을 하는 것이 현실이다. 나는 25세 전후로 연구소 생활을 시작하면서 '55세까지는 근무할 수 있을 것'이라 생각했다. 그러나 그건 나의 이상일 뿐이었다. 지금 보니 직장인의 평균 퇴직연령은 49세로, 내가 직장생활을 시작하던 때보다 오히려 줄어들었다. 반면에 평균수명은 비약적으로 늘어 예전엔 75세 전후였는데 지금은 100세 인생이란 말이 당연해졌다. 요즘 부고를 보면 90세 이상이 대부분이다.

이러한 사실만 보면 예전에는 돈 버는 기간 30년, 돈 쓰는

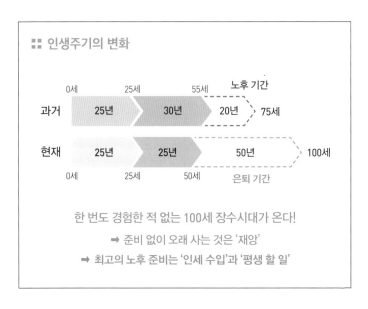

인생주기의 변화

	0세	25세	55세	노후 기간	
과거	25년	30년	20년	75세	

	0세	25세	50세		
현재	25년	25년	50년	100세	

은퇴 기간

한 번도 경험한 적 없는 100세 장수시대가 온다!

➡ 준비 없이 오래 사는 것은 '재앙'

➡ 최고의 노후 준비는 '인세 수입'과 '평생 할 일'

기간 20년 정도를 생각하고 노후 준비를 할 수 있었는데, 지금은 단순하게 계산하더라도 돈 버는 기간은 25년, 돈 쓰는 기간은 50년으로 대폭 늘어난 것 같다. 예전에는 그래도 돈 버는 기간이 돈 쓰는 기간보다 길었지만, 지금은 돈 버는 기간보다 돈 쓰는 기간이 두 배나 더 길어진 것이다. 이 말은 '지금 번 돈의 절반만 쓰고 저축하더라도 나머지 50년을 대비하기가 쉽지 않다'는 뜻이다.

여러분은 노후와 미래를 위해 얼마나 준비하고 있는가? 아마 현재 버는 돈의 대부분이 내 집 마련이나 생활비, 아이들 교육비와 양육비, 부모 부양비, 취미생활 등으로 지출되기에 수입의 10%를 저축하는 것도 쉽지 않을 것이다. 그래서 직장

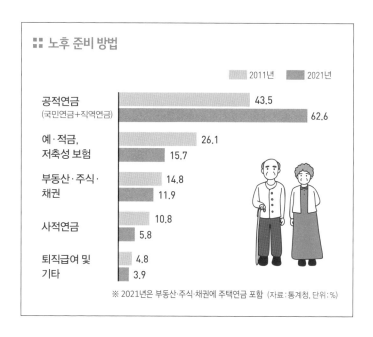

노후 준비 방법

2011년   2021년

공적연금 (국민연금+직역연금)	43.5
	62.6
예·적금, 저축성 보험	26.1
	15.7
부동산·주식· 채권	14.8
	11.9
사적연금	10.8
	5.8
퇴직급여 및 기타	4.8
	3.9

※ 2021년은 부동산·주식·채권에 주택연금 포함 (자료 : 통계청, 단위 : %)

에서 퇴직(평균 퇴직연령 49.3세)을 하고도 노후생활이 여의치 않아 건강이 허락되는 한 아르바이트나 소일거리로 생활비를 버는 노인들이 많은 것이다. 평균 근로희망연령이 72.9세라는 말이 이해가 된다. 현재 한국인의 평균수명은 83.6세, 퇴직 후 무소득 기간은 34.3년 정도 된다.

노후는 국민연금으로 생활하면 된다고 생각하는 분들도 많은 것 같다. 위의 통계청 조사에 따르면 '현재 노후 준비를 어떻게 하는가'라는 질문에 국민연금 등 공적연금으로 대비한다는 사람이 62.6%나 되고, 이 수치는 매해 늘고 있다. 그러면 우리나라 사람들이 받는 국민연금 수령액은 어떠할까?

국민연금공단이 발표한 자료를 보면 국민연금을 월 40만 원 이하로 수령하는 사람들이 전체 수급자의 50% 이상을 차지하고, 월 100만 원 이하 수급자가 90%를 차지한다. 월 200만 원 이상 수령자는 1,200명(0.02%)도 안 된다. 이게 국민연금의 실상이다.

지금도 월 200만 원으로는 생활하기 빠듯한데, 10년 뒤 그리고 30년 뒤는 어떻게 될까? 심히 걱정되지 않는가? 여러분은 국민연금을 얼마나 받게 되는지 미리 따져볼 일이다. 지금처럼 운용하면 2055년에는 국민연금이 고갈될 것이라는 얘기가 공공연하게 들리는 상황에서 아직도 국민연금을 노후나 미래를 대비하는 수단으로 생각하는 것은 현실을 제대로 모르는 것이라 할 수 있다.

나도 국민연금 시행 초기에 가입하여 34년 이상을 불입했는데, 예상 수령액이 월 165만 원 내외라고 통보받은 바 있다. 그것도 만 63세 이후부터 지급 예정이라고 하는데, 향후에는 연금 지급 연령도 점점 더 상향될 것이라고 한다.

이처럼 국민연금은 노후 준비의 전부가 될 수 없기에 평생 인세 수입원을 별도로 만들어놓아야 한다. 그게 부동산 소득이든 금융 소득이든 사업 소득이든 꾸준히 수입이 생기는 연금 같은 소득인지가 중요하다. 또한 할 일도 있어야 한다. 나의 부모를 보면 군인연금 수급자이기에 기본 소득은 있지만

수령 금액	수급자 수
20만 원 미만	97만 9,802명
20만~40만 원 미만	250만 1,520명
40만~60만 원 미만	104만 4,711명
60만~80만 원 미만	47만 7,488명
80만~100만 원 미만	27만 6,320명
100만~130만 원 미만	24만 4,761명
130만~160만 원 미만	12만 5,189명
160만~200만 원 미만	4만 3,630명
200만 원 이상	1,196명
계	569만 4,617명

(2021년 10월 기준, 자료 : 국민연금공단)

할 일이 없으시니 무료하게 시간을 보내신다. 노후에 쓸 돈이 있어도 할 일이 없으면 남은 인생이 참 무료할 것이다. 그래도 운 좋게 데이케어센터(일종의 노인 유치원)에 다니시면서 소일거리가 생겼지만, 나이 들어서 할 일이 없다는 것은 참으로 불행한 일이라는 생각이 든다.

나는 잘 살아가고 있는가?

여러분은 지금 의식주 문제를 얼마나 해결했는가? 사회생활을 시작한 지 10년도 넘었는데 아직도 시간에 쫓기는 고달픈 인생을 살아가고 있지는 않은가? 언제까지 그렇게 살아갈 것이라고 생각하는가? 지금과 같은 삶이 계속될 것 같아 막막하다면 자신의 모습을 냉철하게 뒤돌아보아야 한다. 지금까지 해왔던 일을 계속 고집하며 살아간다면 시간과 돈의 굴레에서 벗어날 수 없을 것이다.

아인슈타인은 "똑같은 일을 반복하면서 다른 결과가 나오기를 기대하는 것은 미친 짓"이라고 말했다. 여러분은 보다 나은 삶을 위해 지금 무엇을 준비하고 있는가? 지금 여러분의 모습은 5년 전, 10년 전 했던 일의 결과라는 말에 동의하는가? 그렇다면 같은 논리로, 지금 무엇을 준비하고 있는지가 5년 뒤, 10년 뒤의 여러분 인생을 결정할 것이다.

직장인이라면 미루어 짐작할 수 있을 것이다. 바로 여러분 뒤에 앉아 있는 직장 선배의 모습이 5년 뒤, 10년 뒤의 '내' 모습이 아닐까? 그런 직장 선배의 모습을 진실로 닮고 싶은가? 그렇다면 현재 하는 일을 계속하라. 그러나 그들을 닮고 싶지 않다면 무언가 다른 일을 준비해야 한다.

그런데 왜 우리는 직장인으로 살아가기를 고집할까? 그것은 우리가 잘못된 고정관념을 가지고 있기 때문이다. 우리는 암묵적으로 '좋은 대학을 나와서 교수, 변호사, 의사, 대기업 직원, 공무원이 되면 성공한 인생'이라고 여기며 살아왔다. 그러나 이는 직장 근무 연한이 충분히 보장되었던 고도성장 시대에나 통했던 얘기일 뿐, 지금처럼 변화의 속도가 무척 빠르고 평균수명이 늘어난 세상에서는 맞지 않는 얘기이다.

특히 일자리의 경우 산업화 시대에는 노동직이 기계로 대체되었다면, 정보화 시대에는 사무직이 컴퓨터로 대체되었고, 지금의 초연결 사회에서는 전문직이 인공지능(AI)이나 로봇으로 대체되고 있다. 사람이 하던 일들이 점점 인공지능이 탑재된 기계와 로봇으로 대체되는 변화 속도로 보아 얼마되지 않아 그나마 남아 있던 전문직 영역인 변호사, 판사, 교수, 회계사, 의사, 요리사 등의 일자리도 대폭 축소될 것이 불을 보듯 뻔하다. 이렇게 과학과 의료 기술의 발전으로 평균수명은 점점 길어지고, 사람의 일자리는 갈수록 줄어들고, 노령인구는 폭발적으로 늘어나는 추세다. 앞으로 사람들이 어떻게 살아가게 될까 심히 염려된다.

일자리는 점점 줄어들고 평균수명은 길어지는데 노후를 위해 준비해놓은 돈이 없으면 정말 힘든 인생을 맞이하게 될 것이다. 길고 긴 노후를 위해 더 이상 미룰 시간이 없다. 무언가 준비하지 않으면 안 되는 그런 시기가 다가오고 있다.

만약 여러분이 지금과는 다른 방식으로 살고 싶다면 현재까지 살아온 방식을 되돌아볼 필요가 있지 않을까?

그래서 나는
과감히 선택했다

나는 연구소에 다니던 시절부터 직장 수입에만 의존해서는 노후 인생이 참 힘들겠다는 생각을 하고 추가 수입원을 만들려고 애썼다. 지금 생각하면 일찍 철이 든 셈이다. 나와 뜻이 같았던 아내는 결혼 전의 미술학원 운영 경험을 살려 미술학원을 다시 개업해서 운영하고, 나는 그 옆에 이랜드 관련 의류 대리점을 1년여 준비해서 오픈했다.

물론 연구소에 다니면서 부업 관련 책과 창업 정보지를 열심히 스터디하면서 준비했다. 목돈이 없었기에 당시 연구소에서 분양받은 서울 소재 아파트를 전세 주고 남은 금액으로 경기도 안성시에 건물을 얻어 의류 대리점을 운영했다. 아내와 아이들은 안성에서 지내고, 나는 평일에는 서울 목동의 부모님 집에서 연구소로 출퇴근하고 주말에는 안성에 내려가 주말부부로 생활을 했다. 아내는 직원을 고용해서 학원과 대리점을 번갈아 관리하고, 나는 주말에 창고 정리를 하고 고객 데이터베이스와 매장을 관리하면서 열심히 살았다. 참으로 바쁜 30대를 보냈다.

1990년대 당시에는 브랜드 유명세가 있는 의류 대리점이 잘되는 편이었는데 이것저것 다 제하면 월수입이 400여만 원 내외였던 것 같다. 그래서 매월 300만~400만 원 정도 적금과 보험을 들어 자금을 모은 기억이 난다. 그러다가 1990년 중반기 이후에 미술학원을 접고 그 자리에 커피숍을 냈는데 IMF 직격탄을 맞으면서 1년 만에 폐업하고 말았다. 몇 년 동안 번 돈을 그대로 손실을 보면서 자영업은 더 철저히 준비하고 계획해서 해야 된다는 사실을 뼈저리게 느꼈다.

당시에 나는 삼성경제연구소 경영전략실에서 수석연구원으로 일하고 있었다. 담당했던 일은, 10여 년 뒤인 2010년 삼성그룹의 중장기 전략 수립과 인터넷비즈니스 트렌드 연구였다. 인터넷 쇼핑몰이 우후죽순 생기는 등 인터넷비즈니스 붐이 시작될 때라 인터넷비즈니스 동향을 연구했다. 국내외 인터넷비즈니스 선도 기업의 전략을 스터디하고, 2010년도에 삼성이 맞게 될 국제환경과 국내외 환경이 어떠할지, 앞서가는 선진 기업들은 어떻게 사업 구조를 재편하는지에 대해 폭넓게 연구하고 자료 조사를 하다 보니 우리나라의 미래에 대한 그림이 그려졌다.

1997년 말에는 IMF 구제금융 체제로 들어서면서 국가 부도 사태에 직면하게 되었고, 동시에 김대중 대통령이 당선되면서 당시 이회창 후보의 당선을 예상했던 삼성은 그룹 안팎으로 큰 위기에 맞닥뜨렸다.

당시 50대 그룹 중 절반 이상이 주인이 바뀔 정도로 경제 상황이 좋지 않았다. 거기에 정치 판도도 삼성 입장에서는 좋지 않았다. 왜냐하면 그전에 김영삼 정부가 현대그룹의 정주영 회장과 선거전을 치르면서 어렵게 정권을 잡은 후로 현대는 '재벌이 권력까지 넘본다'는 괘씸죄에 걸려 국내에서 자금줄이 막히고 탄압을 받아서 도산 직전까지 갈 정도로 기업 운영에 어려움을 겪었다는 후문이 있었기 때문이다. 그래서 삼성도 현대처럼 정부의 압박으로 도산할 수 있다는 위기감이 있어서 연구소 자체적으로 삼성그룹 도산 시나리오를 준비하고 있었다.

그 프로젝트를 맡고 진행해야 했던 나는 앞서 어려움을 겪었던 현대를 벤치마킹해서 대책을 마련해야 했다. 그래서 당시 정주영 회장이 대통령 후보로 출마하기 전부터 현대그룹 기획조정실에서 근무해왔고 선거 유세를 도왔던 카이스트 친구에게 전화를 해 만났다. 당시 정부가 어떤 식으로 현대를 압박했고 그 위기를 어떻게 극복해왔는지를 물으며 프로젝트에 필요한 정보를 수집했다.

현대의 당시 위기 상황과 대책 등을 듣고 정부의 예상되는 제재와 그 대응책 자료를 만들어가는 와중에 정부에서 요청이 왔다. '현 시국이 비상 경제 상황이고 삼성그룹이 경제계에 미치는 영향이 지대하다. 삼성에 대한 정부의 제재나 압박은 없을 것을 보장하니, 대신 국가 위기 경제 상황을 잘 극복할 수 있도록 적극적으로 역할을 해달라'는 내용이었다. 그렇게 다행스럽게도 삼성그룹 도산 시나리오 대책 수립 프로젝트는 중단되었다.

정부의 우호적인 정책 전환에 적극 호응하기 위해 삼성은 경제연구소를 통해 국내외 경제 정보는 물론 북한과 중국 정보, 삼성 내부의 기밀 정보를 제외한 다양한 기업 정보를 적극적으로 공개하며 국가의 위기 상황 극복을 도왔다. 아마 그때가 삼성경제연구소의 위상이 제일 높지 않았나 싶다.

친구를 통해 온 암웨이

현대그룹의 그 친구와는 이따금 소통을 하였다. 그런데 그 친구가 어느 날 연구소로 와서는, 자기는 회사를 다니면서 따로 사업을 준비하는데 올 여름 휴가 기간에는 미국 미시건주에 있는 암웨이 회사를 탐방하러 간다고 하는 것이었다. '저 친구는 휴가 때도 쉬지 않고 미래 준비를 위해서 열심히 사는구나' 하는 생각이 들었고, 암웨이가 어떤 회사인지 전혀 몰랐기에 호기심이 생겼다.

그 친구의 권유로 이후에 암웨이 사업 설명을 듣게 되었다. 사업 설명회가 열린 곳은 서울 강남에 있는 사무실로, 30명 내외의 직장인들이 모여 있었다. 사업 설명을 하신 분은 현재 암웨이 최고 리더 중 한 분이었다. 그런데 신기하게도 그 분은 10여 년 전 카이스트 연구소에서 나와 같이 근무한 인연이 있는 분이었다. 어렴풋이 외국계 컴퓨터 회사에서 근무한다는 얘기만 들어왔는데 갑자기 암웨이 사업 설명 강의장에서 만난 것이다. 그 분은 자신에 대해 "암웨이 사업의 꽃인 다이아몬드를 몇 달 뒤에 성취할 것"이라고 소개하셨다(당시 한국에는 다이아몬드가 몇 명뿐이었다). 암웨이 회사에 대해 설명하는데 처음 듣는 내용이 많았다.

내 기억으로 그 분은 직장에서 꽤 열심히 일하셨고 매사 성실하고 근면한 분이었다. 외국계 기업의 사장비서실에 근무하면서 암웨이를 부업으로 하며 성공한 위치로 가고 있다는 말에 호기심이 생겨서 암웨이를 좀 더 알아보기로 했다. 나를 초대한 그 친구는 사업 설명을 하는 분과 내가 예전에 카이스트 연구소에서 같이 근무했다는 사실을 모르고 있었다. 돌이켜보면 나는 DJ(김대중)가 대통령으로 당선되면서 삼성그룹 도산 시나리오 대책을 수립하다가 현대그룹 기획조정실에 있는 친구에게 연락을 하면서 암웨이를 만난 셈이다. 누구에게나 인연은 있는 것 같다. 그리고 그 인연으로부터 기회가 오는 것 같다. 그 기회를 잡고 안 잡고는 본인의 의지와 선택에 달려 있지만 말이다.

그 시절에는 암웨이나 직접판매 사업에 대한 정보가 별로 없었다. 암웨이가 한국에 들어온 지 7년여 되는 해였는데, 세제협동조합이라는 미명의 단체로부터 언론 플레이를 심하게 당해 신문에 왜곡된 기사가 연일 실리는 등 암웨이가 곤경에 처해 있을 때였다. 한국암웨이 대표이사도 미국인이었고, IMF 체제 이후라 언론이 국산품 애용에 대해 여론몰이를 하던 때여서 암웨이 회사나 제품에 대해 대중의 반감이 극에 달했다. 그런데 사업 설명을 들어보니 그런 정보가 사실이 아니었고, 나를 비롯한 사람들은 암웨이 회사에 대해서 모르는 부분이 너무나도 많다는 생각이 들었다.

그다음 날 경제연구소에 출근해서 전담 검색사에게 암웨이를 키워드로 모든 정보를 수집해달라고 요청해서 관련 자료를 한보따리 받았다. 인터넷이 보편화되지 않은 시절이라 경제연구소에는 정보검색사들이 따로 있었다. 연구소는 신뢰성 있는 기초 자료가 생명이기에 실별로 정보검색사들이 배치되어 있었고, 이들이 연구에 필요한 정보를 전문적으로 검색해주었다. 유·무료 경제 데이터베이스에 모두 접근이 가능한 환경이어서 고급 자료들을 많이 얻을 수 있었다.

전담 검색사에게 받은 자료들을 일주일 이상 집중적으로 들여다보면서 사업 설명으로 들은 내용이 사실이라는 것과, 지금 알려진 것은 극히 일부분이고 참으로 대단한 회사라는 인상을 받았다. 특히 창업자인 리치 디보스와 제이 밴 앤델의 암웨이 창업 이념, 기업 이념이 '더 나은 삶을 살고 싶은 사람들에게 사업 성공의 기회를 제공해주는 회사'라는 것을 알고 깊은 감동을 받았다.

구전 중심의 직접판매 방식으로 어떻게 삼성전자보다 신용등급이 더 높을 수 있을까 하는 의구심도 들었다. 당시의 검색 자료에 의하면 암웨이 신용평가등급은 세계 최상위 회사가 받는 1등급이었고, 삼성전자는 그보다 몇 단계 아래의 등급이어서 더욱 놀랐다.

그러면 암웨이 제품은 어떨까? 궁금해서 친구의 추천으로 암웨이 제품을 구매해보았다. 나는 약골로 태어났고, 대학교 입학 때 받은 건강검진에서는 혈압이 90/155mmHg로 남들보다 높았었다. 당시 19세였는데 말이다. 연구소에 다닐 무렵에는 가끔 심장 소리가 격하게 들리거나 엇박자가 나면서 심장 부근이 뻐근한 부정맥 증상이 있었고, 눈이 심하게 충혈되는 경우가 많았다. 퇴근하다가 엘리베이터 안에 있는 거울을 보면 눈이 빨간 것이 마치 토끼 눈 같았다. 가끔 TV 시사 뉴스에 경제 전문가로서 인터뷰를 했는데, 눈이 충혈되어 있으면 출연하기 곤란했었다. 그런데 암웨이 영양제 '뉴트리라이트 카로틴 플러스'를 먹고 눈의 충혈 증상이 없어졌고, 암웨이 비타민을 먹고부터는 아침에 일찍 일어나는 게 좀 가뿐해졌다. 아울러 앞니가 늘 시린 증상이 앞니를 시술해서 그런 거라고 생각해왔는데, 암웨이 치약을 쓰고는 거짓말같이 그 증상이 없어졌다. 나중에 안 일인데, 주방용 식기 세정제 '디쉬드랍스'를 이미 옆집을 통해 쓰고 있었다. 주부습진도 안 생기고 친환경 세제라고 해서 몇 년 전부터 쓰고 있었던 것이다. 이렇듯 제품을 몇 가지 써보니 100% 만족보증제를 자신할 만큼 품질이 정말 탁월했다.

그래서 나는 이 회사야말로 유통과 물류 체계, 마케팅 방법 면에서 삼성이 벤치마킹해야 할 회사라고 결정하고 〈세계적인 초우량 기업에게서 배우자〉라는 경제 칼럼 시리즈에 게재하였다(157쪽 참조). 당시 삼성 내에는 과장급 이상에게 〈뉴스위크〉라는 경제 잡지가 정기적으로 배포되었는데, 내부에 간지 형태로 〈세계적인 초우량 기업에게서 배우자〉라는 경제 칼럼이 시리즈로 연재되고 있었다. 이 칼럼은 나를 포함해 수석연구원 셋이 돌아가면서 집필했다. 내가 담당한 건 유통 부문의 초우량 기업으로 세계 1위 할인점 월마트, 유럽 1위 할인점 까르푸, 직접판매 회사 세계 1위 암웨이 순으로 게재한 것이다.

그런데 이 칼럼들이 삼성 사외로 유출되면서 삼성경제연구소에 전화가 폭주했다. 월마트와 까르푸에 대한 칼럼은 별 반응이 없었는데, 유독 암웨이에 대해서는 반응이 뜨거웠다. 암웨이에 대한 문의 전화가 오면 전화안내원이 모두 나에게 넘겼다. 그 전화 중에는 "우리 형수가 암웨이에 빠졌는데 해도 되나요?", "암웨이 회사가 삼성이 배워야 하는 초우량 기업이 맞나요? 정말 믿을 만한 회사인가요?", "암웨이는 다단계 아닌가요?", "암웨이는 윗사람만 돈 버는 거 아닌가요?" 등 다양한 질문들이 있었다.

전화를 받으면서 암웨이에 대한 편견이 강한 사람들이 얼마나 많은지, 또 잘못 알려진 내용이 얼마나 많은지를 알게 되었다. 1998년에는 암웨이에 대해 제대로 된 자료들이 별로 없었던 데다 암웨이를 비난하는 기사가 신문에 실리거나, 물의를 빚는 회사들이 기사화되어 직접판매 사업에 대한 평판이 전반적으로 부정적이었던 것 같다.

나는 암웨이에 대한 대중의 오해를 풀고 제대로 알려주어야겠다는 사명감이 생겼다. 그래서 암웨이 회사에 대한 소개와 마케팅 플랜을 정리해서 《뉴밀레니엄 시대 최고의 비즈니스》를 쓰게 되었다. 물론 책을 쓰고 알리는 과정에서 연구원들이나 식자층들의 오해와 편견이 있었으나 책을 읽어보고는 아무도 이의를 제기하지 못했다. 책에 대한 반응은 놀라웠다. 많이 팔릴 때는 한 달에 1만~1만 5,000권이 팔렸으니 말이다. 이 책은 꾸준히 팔려 여러 번 개정하고, 20년이 지난 지금도 팔리고 있다.

이 책을 계기로 나는 경제연구소 안밖과 암웨이 회원들 사이에서 암웨이 기업을 연구하는 경제 전문가로 알려졌다. 당시에는 삼성물산에서 삼성몰을 입안하는 시절이었는데, 자문위원으로 있으면서 '삼성몰이 성공하려면 고정 고객을 확보하는 게 중요한데, 이를 위해 고객들에게 실질적인 혜택을 주어야 한다'는 방향에 초점을 맞추어 자문하였다. 고객들이 제일 좋아하는 건 역시 돈으로 보상받는 방법이다. 삼성몰도 암웨이처럼 35% 정도 캐시백을 해줄 수 있으면 얼마나 좋을까 하는 생각도 했지만 태생적으로 그것을 구현하는 것은 불가능했기에 안타까운 생각이 많이 들었다.

당시는 국내에 암웨이 인터넷 쇼핑몰이 오픈되기 전이었지만, 이러한 암웨이 보상 방식이 인터넷에 접목되어 구현된다면 폭발적으로 성장하겠다는 확신이 더욱 강해졌다.

나의
암웨이 스토리

삼성경제연구소에서 국내외 인터넷비즈니스 동향을 연구하면서 깜짝 놀란 적이 있었다. 1997년 말에 인터넷 쇼핑몰에서 제일 많이 팔린 제품이 도서, 의류, 화장품 순이라는 통계를 보고서다. 지금은 놀라운 일이 아니지만 그때는 의류나 화장품도 인터넷에서 잘 팔린다는 사실이 믿기지 않았다. 옷이나 화장품은 입어보거나 발라보고 사는 물건이라는 생각이 있었기 때문이었다. 이러한 동향을 알게 된 뒤에는 부업으로 하고 있는 의류 대리점을 계속 하면 안 되겠다는 생각을 하게 되었고, 어떤 형태로든 사업을 한다면 인터넷과 관련된 비즈니스를 해야겠다고 결심했다. 그런 와중에 1999년 12월에 한국에도 암웨이 인터넷 쇼핑몰이 개점할 것이라는 소식을 접하면서 암웨이 사업의 큰 비전을 보게 되었다.

미국에서는 '퀵스타'라는 암웨이 쇼핑몰이 한국보다 먼저 오픈되어 시범 운영되고 있었다. 인터넷비즈니스 모델을 연구하면서 수집한 자료를 바탕으로 기존의 쇼핑몰들을 분석해 보니 아마존, 이베이, 퀵스타 쇼핑몰이 각각의 사업 방식에서 강자가 될 것으로 예측되었다. 그래서 쓴 책이 《아마존이냐 eBay냐 퀵스타냐?》다. 전자상거래 비즈니스 모델을 분석하고 미래를 예측한 책으로, 당시 경제경영 부문 3위에 랭크될 정도로 엄청나게 팔렸다. 전자상거래에 대한 책이 전무했던 시절이라 더 각광받았던 것 같다.

그후 암웨이를 부업으로 열심히 해서 1년 뒤에 플래티넘을 성취하였다. 안성에서 운영하던 의류 대리점은 가족에게 넘기고, 암웨이에 집중하여 3년 6개월 만에 다이아몬드, 그 2년 후 파운더스다이아몬드를 성취하였다. 삼성경제연구소는 다이아몬드가 되기 전에 사표를 쓰고 인터넷 회사를 창업하여 최근까지 운영해왔다. 지금은 후선으로 물러나 자문위원으로 있다.

암웨이 다이아몬드가 되면 비교적 안정적인 네트워크가 구축되어 당시 1,000만 원 이상의 인세 같은 수입이 매월 들어와 생활비 걱정은 안 해도 되었기에 과감히 인터넷 회사를 창업할 수 있었다. 그리고 그간의 경험을 바탕으로 월드와이드 그룹 홈페이지를 만들어 인터넷상으로 다이아몬드 이상 그룹들을 규합하여 통합의 시너지를 꾀하고, 올바른 사업 정보들이 순환되게 했으며, 양질의 강의 영상을 만들어서 온라인으로 스트리밍 서비스도 하고, 책이나 테이프 등으로 툴을 표준화해서 공급하는 등 암웨이 회원들이 다방면으로 사업을 원활하게 진행할 수 있도록 지원하게 되었다. 이러한 나의 노력을 계기로 월드와이드그룹이 온라인상에서 뭉치게 되었고, 교육시스템이 재정비되고 레벨 업되면서 암웨이 사업이 폭발적으로 성장하게 되었다고 자부한다.

물론 이는 각계각층에서 우수한 인재들이 많이 유입되어 가능한 일이었다. 암웨이는 이러한 인터넷 기반 교육 시스템을 통해 좋은 인력들을 후원했고, 양질의 콘텐츠들이 제공되면서 다단계 수준에서 온라인 기반 직접판매 수준으로 격상되었다고 생각한다. 지금은 한국암웨이 본사의 선도적인 노력으로 인터넷을 뛰어넘어 모바일 기반의 SNS 마케팅으로 레벨 업되면서 새로운 세대들이 사업하기 좋은 최상의 환경을 제공하고 있다.

사업하기 좋은 환경을 만들어주어야 후배들이 자긍심을 가지고 사업을 지속적으로 성장시키고 발전시켜나갈 수 있다. 암웨이는 결국 사람이다. 우수한 인재들이 많이 들어와야 성장하고 2세, 3세에게 자랑스럽게 물려줄 수 있는 사업이 될 수 있는 것이다. 나의 자녀들 셋도 당연히 암웨이 제품을 애용하고 회원으로 활동하면서 암웨이 사업을 공부하고 있다. 암웨이 사업이 자녀들에게 그대로 상속되어 혜택을 누릴 수 있는 것도 멋진 일이다.

내가 암웨이를 하는 이유

■ 자유

암웨이를 알고 제품을 애용한 지 어느덧 25년이 넘었다. 결코 짧지 않은 세월이다. 물론 다른 사업들도 병행하고 있지만, 암웨이 사업은 우리 가정의 버팀목이 되어주고 있다. 원래 사람마다 느끼는 가치는 다르지만, 일단 무언가에 가치를 느끼게 되면 누구든 집중하고 몰입하게 된다. 내가 암웨이 사업을 꾸준히 해왔던 이유는 자유라는 가치를 누릴 수 있기 때문이다.

친구를 통해서 암웨이를 처음 접했던 때가 삼성경제연구소 수석연구원으로 재직하고 있을 때라고 했다. 그 당시 삼성은 신경영운동이라 해서 9 to 6가 아니라 8 to 5, 즉 출근 시간과 퇴근 시간을 한 시간씩 앞당기던 시절이었다. 아침잠이 많았던 나는 아침 일찍 일어나는 게 너무 힘들었다. 일은 재미있었지만 내가 언제까지 이런 월급쟁이 삶을 살아야 하는가 하는 회의가 들었다. 그러던 차에 마침 암웨이 플랜에 대해 들었고, 3~5년 정도 열심히 하면 다이아몬드 이상이 되어 월 1,000만 원 이상의 인세 수입이 현실화될 수 있을 것이라는 생각이 들었다. 그래서 결단을 했고 3년 6개월 만에 성취해냈다. 인세 수입이 매월 들어오면 적어도 먹고 사는 가정경제 문제는 해결되고, 내가 하고 싶은 일도 하고 읽고 싶은 책도 마음껏 읽으면서 자유롭게 살 수 있을 것이라는 희망이 있어 암웨이 사업을 열정적으로 진행했던 것 같다.

사람마다 꿈꾸는 자유는 다르지만, 암웨이를 하면서 내가 얻은 자유는 4가지다.

첫째, 시간의 자유다.

암웨이는 출퇴근 시간이 없으므로 하던 일과 병행하면서 내 마음대로 시간을 조절해가며 할 수 있다. 직장이나 사업장에 매여 있지 않기에 아이나 부모를 돌보면서 파트타임으로 사업을 진행할 수 있다. 수년 전에 노모가 병약해서 3~4개월 간 움직이지 못한 적이 있는데 그때 내 스케줄을 조정해서 밤낮으로 병간호를 했다. 이런 일이 가능했던 이유는 암웨이 사업을 했기 때문이었다. 주부들도 얼마든지 아이들을 돌보면서 자투리 시간을 활용해 암웨이 사업을 배울 수 있다. 암웨이 성공자들 중에서 주부가 가장 많다는 사실이 이를 말해준다.

둘째, 재정의 자유다.

2~5년간 시스템대로 하면 파운더스플래티넘 이상의 인세 수입(연 4,000만 원 이상의 수입)을 누릴 수 있다. 물론 노력 여하에 따라 그 이상의 핀도 가능하다. 나는 3년 6개월 만에 다이아몬드 핀을 성취하고, 그 이후로는 직장에 매이지 않게 되었고 생계 문제에도 크게 신경을 쓰지 않게 되었다.

셋째, 배움의 자유다.

인생에서 정말 중요한 지혜(돈, 관계, 건강, 미용, 자녀 교육, 코칭)를 암웨이 미팅에서 배울 수 있다. 암웨이 미팅에 참석하는 사람들은 직업과 커리어가 다양해서 각자 분야에서 습득하고 배운 노하우를 아낌없이 나누고 공유할 수 있다. 대기업에 다니지 않아도 늘 배울 수 있는 크고 작은 미팅이 있어서 좋다. 사회에서 무언가를 배우려면 비용을 지불해야 하는데 암웨이 모임에서는 이 모든 것을 공짜로 배울 수 있다. 서로 재능을 무상 기부하기 때문이다.

특히 암웨이는 누군가를 도와야 성공할 수 있기에 '내'가 먼저 알아야 한다. 내가 알아야 누군가를 도울 수 있다. 알지 못하면 도울 수 없다. 알기 위해서 지속적으로 배우고 끊임없이 자신을 채찍질하게 된다. 또 누군가를 후원한다는 것은 나를 낮추고 비우는 일이다. 그러다 보면 '나 중심의 삶(I-Win)'이 아닌 '타인 배려의 삶(YOU-Win)'을 살게 되고 내면적으로 성장하게 된다.

넷째, 정신적인 자유다.

누군가 나에게 지시하거나 명령할 사람이 없다. 직장에서는 상사나 조직의 장이 인사고과를 하고 업무를 지시하거나 명령하지만, 암웨이에서는 내가 사장이고 내가 직원이라 내가 주도적으로 알아서 하면 된다. 즉 나다움을 찾아갈 수 있기에 자아실현의 욕구를 충족할 수 있다. 이것이 가능한 이유는 적어도 먹고 사는 문제가 해결되기 때문이라 생각한다.

■ 가족

암웨이는 두 창업자들의 가족이 차고에서 시작해 함께 노력하며 오늘날에 이르렀기에 가족사업의 문화가 전통적으로 배어 있다. 가장 큰 특징은 가족을 존중하고 지지한다는 것이다. 가족이 사용하는 제품을 팔고, 그 소비가 모여 암웨이 매출로 연결된다. 암웨이 사업은 집에서 많이 이루어지기에 집을 개방하고, 서로 나누기에 사업 파트너들과 가족처럼 지낸다. 어쩌면 친인척보다 더 가깝게 지낸다. 그러다 보니 다음과 같은 장점을 누릴 수 있다.

첫째, 배우자와의 유대감이 강화된다.

암웨이를 통해 가족이 잘살 수 있다는 희망이 생기고 사업을 같이 진행하면서 꿈과 목표를 공유하게 되니 배우자와 긍정적으로 소통하게 된다. 직장을 다니거나 다른 사업을 하면서로 관심사가 다르기에 꿈과 목표를 공유할 수 없지만, 암웨이는 공동의 꿈과 목표를 향해 노력하기 때문에 지속적으로 소통을 해서 관계가 좋아질 수밖에 없다. 부부의 불화 중 상당 부분이 돈 문제인데, 암웨이를 통해 잘살 수 있다는 희망이 생겨서 불화가 적어진다.

둘째, 가족들과 여행할 기회가 많아진다.

암웨이 사업으로 일정 수준 이상의 핀을 성취하면 사람들이 선망하는 가족여행을 보내준다. 다이아몬드 이상은 부부 동반이나 가족 동반의 해외여행 기회가 매해 2~3회 주어지는데, 이런 여행을 통해 가족 간에 깊은 친밀감과 유대감이 생긴다. 또한 가족들이 공동의 추억을 가질 수 있다는 것이 얼마나 행복 지수를 배가시키는지 모른다. 살다 보면 여름휴가로 며칠 가기도 쉽지 않은데 암웨이 보상을 통해 전 세계로 여행을 할 수 있다니, 상상만 해도 즐겁지 않은가? 사업 파트너들과 그들의 가족과 여행을 함께 할 수 있다는 것도 너무 좋다.

셋째, 자녀 교육 문제를 해결할 수 있다.

자녀들에게 가장 좋은 교육은 부모의 삶 자체를 보여주는 것이다. 꿈을 이루려고 노력하는 부모의 모습을 보며 아이들은 꿈을 갖게 되고, 그런 산 교육을 통해 자녀에게 삶의 올바른 방향을 제시해줄 수 있다. 게다가 암웨이 보상을 통해 금전적으로 지원해줄 수 있다. 아이들의 재능을 인내심 있게 관찰하고 키워주려면 역시 돈이 들어간다.

한국에 암웨이가 들어온 지 30년이 넘었다. 미국은 65년째다. 이제는 암웨이 2세 사업자들이 많이 가세해 사업을 이어나가고 있다. 미국에서는 3세대 사업자들이 이끌어가고 있다. 나의 아이들 셋도 암웨이를 통해 인생 공부를 하고 있다. 암웨이는 세대를 이어 사업할 수 있으며 사업 노하우와 인맥 네트워크도 그대로 물려줄 수 있다. 그렇기에 자녀들은 직장에 취직해야 한다거나 직업을 가져야 한다는 강박관념으로부터 벗어날 수 있다. 자녀에게 "공부 열심히 해서 좋은 대학 들어가서 성공한 인생을 살라"고 하는 극성 부모들과는 다른 모습으로 자녀들을 대하고 키울 수 있다.

■ 희망

사람은 밥을 먹고 사는 것이 아니라 꿈과 희망을 먹고 산다. 희망이 없으면 살아도 보람이나 삶의 의욕을 느끼지 못하고 절망하게 되고, 절망이 심하면 무기력한 삶을 살거나 자살로 삶을 마감하기도 한다. 한국에 희망이 없으니 청소년이나 노인 자살률이 OECD 국가들 중 1위 아닌가? 청소년들은 학업이나 진로 문제 때문에, 노인은 노후 문제 때문에 자신의 앞날에 희망이 안 보인다고 생각하는 경우가 부지기수다.

한국은 돈 없고 물려받은 것 없고 가방 끈 짧으면 잘살 수 있는 길이 거의 없다. 돈 있고 물려받은 거 좀 있고 가방 끈 길어도 살기 만만치 않은 곳이 한국이다. 암웨이는 남녀노소, 인종, 빈부에 대한 차별 없이 누구나 사업 기회를 준다. 또한 모든 사람에게 내일의 희망을 주고 가능성을 열어두기에 사업 기회를 본 개인들은 꿈이 살아나고 희망이 생기고 활기 넘치는 삶을 살게 된다.

희망이란 내 인생이 잘될 수 있을 거라고 예측할 수 있을 때 생긴다. 2~5년 동안 꾸준히 시스템 안에서 사업을 하면 누구나 월 200만 원 이상의 인세 수입을 얻을 수 있다. 어떤 일이 2~5년 일을 해서 인세와 같은 수입을 얻을 수 있겠는가?

돈이 많아도 꿈과 희망이 생기지 않을 수 있다. 돈을 운용할 능력이 없으면 그 돈이 부메랑이 되어 절망감을 줄 수도 있다. 그러나 암웨이는 투자되는 돈이 없기에 '제로(0)든 성장하든' 둘 중 하나다. 다른 사업처럼 '망하든 성장하든'이 아니다. 암웨이는 망하거나 손해 볼 이유가 없어 안전하다.

사람들이 자산 수입을 기대하면서 부동산이나 주식이나 신규 사업을 찾아다니지만, 그렇게 해서 성공하는 게 쉽지는 않다. 쉽지 않다는 것은 위험이 동반된다는 뜻이다. 부동산 투자나 주식 투자는 국가의 부동산 정책이나 금융 정책에 따라 기복이 심하지만, 암웨이는 수입의 기복이 별로 없고 안정적이다. 생필품으로 구축된 애용자 네트워크이기에 팬데믹이 와도 경제가 어려워도 꾸준히 수입이 연금처럼 들어온다. 그래서 마음이 편하다.

암웨이는 주변에 소비자가 널려 있다. 치약을 쓰는 사람, 샴푸를 쓰는 사람이 모두 암웨이의 소비자가 될 수 있다. 그들이 오가며 제품 하나씩 주문하고, 애용자가 한 명 한 명 추가되면서 실적이 늘어나고, 네트워크가 조금씩 성장하면 '나도 할 수 있겠다'라는 생각이 들고 잘살 수 있다는 희망이 커진다. 암웨이의 6-4-2 플랜을 제대로 이해하고 2~5년간 꾸준히 사업을 하면 네트워크가 커지고 수입이 늘어날 수밖에 없다는 사실을 믿게 될 것이다.

■ 보상

사람들은 행동에 대한 보상이 없으면 움직이지 않는다. 직장에서 월급을 안 주는데 계속 다닐 수 있겠는가? 물론 보상에는 여러 차원이 있다. 금전적 보상이 있고, 감정적 보상처럼 무형의 보상도 있다. 암웨이는 회원들의 노력과 헌신을 존중하며 정당한 보상을 약속한다.

또 암웨이는 제품의 우수성을 기본으로 삼기에 내 소개로 제품을 사용해본 사람이 품질에 만족해 기뻐하는 모습을 직접 보면 큰 보람을 느낄 수 있어 좋다. 치약을 쓰고 잇몸이 좋아지고, 세제를 쓰고 주부습진으로 고생하던 손이 깨끗해지고, 비타민C를 먹으면서 감기와 멀어졌다며 고마워하는 소비자들의 한마디가 보람을 주고 희망을 준다. 내가 수고한 노력으로 상대방이 건강해지고 삶이 즐거워진다면 얼마나 보람이 있겠는가. 이런 즉각적인 만족도 보상이다.

암웨이는 성공하는 사람들의 행동을 복제해나가는 사업이므로 개인의 능력과 관계없이 시스템을 통해 성장할 수 있다. 또 암웨이의 보상 플랜을 보면 노력 여하에 따라 무한대의 보상이 가능하다. 보상 플랜은 해마다 책자로 출간되어 전체 회원들에게 공개되고, 그에 입각해 보상을 해준다. 내가 어느 만큼의 노력을 하면 얼마의 보상을 해준다는 게 명확히 쓰여 있다. 회사에서 승진하려면 얼마나 노력해야 하는지 불분명한 경우가 많은데, 암웨이의 보상 플랜은 그렇지 않다. 국제 사업도 가능하다. 나는 25년 이상 암웨이 사업을 하면서 암웨이가 약속한 보상을 못 받은 적이 없고, 보너스 받는 날이 늦춰진 적도 없다.

금전적 보상 외에, 어떤 성취를 하면 핀을 수여해서 인정도 해준다. 이것은 직장에서 승진하는 것과는 또 다른 차원의 인정이다. 해마다 시상식을 통해 많은 사람 앞에서 인정해주고, 많은 사람이 축하해주고 함께 기뻐해준다.

게다가 노력에 대한 보상은 자식에게 상속할 수 있다. 내가 다이아몬드 자격의 네트워크를 구축했다면 내 자식도 그 자격을 물려받는다. 보상과 핀 모두. 이는 일반 기업에서는 상상조차 할 수 없는 일이다. 여러분이 어떤 회사의 사장 자리까지 올랐다고 해서 자식에게 그 자리를 물려줄 수 있겠는가? 본인이 소유한 회사가 아니라면 불가능한 일이다.

암웨이의 보상은 기한이 정해져 있지 않다는 점도 매력적이다. 여러분이 핸드폰 대리점을 해서 회원을 가입시키면 핸드폰 요금의 일정 부분이 보상으로 주어지지만 그 기간은 3~5년을 넘지 않는다. 그 시한이 지나면 모두 본사로 귀속된다. 회원 가입은 대리점이 노력한 결과인데도 말이다. 그래도 사회에서는 아무도 이의 제기를 하지 않는다. 그러나 암웨이의 경우 내 노력으로 확보한 애용자 네트워크에서 일어나는 수입은 그 회원들이 제품을 쓰는 한 기한 제한 없이 노력을 인정받아 보상으로 돌아온다.

암웨이는 이와 같은 금전적인 보상과 인정 외에 파운더스 플래티넘 이상 여행 점수를 획득하면 매해 부부 또는 가족 동반 해외 리더십 여행을 보내준다. 이러한 여행 보상도 그 자격을 유지하는 한 계속해서 누릴 수 있으며, 자식이나 상속자에게도 동일한 보상을 해준다.

이처럼 다양한 보상과 혜택이 주어지니 암웨이에서 성공한 사람들은 자녀에게 암웨이 사업을 적극적으로 권하고 물려준다. 자녀들도 그런 부모의 모습이 좋아 보였다면 당연히 암웨이 사업을 물려받아 하게 될 것이다.

이제 한국암웨이도 설립 30년을 훌쩍 넘기면서 2세 사업자들이 많이 활동하고 있다. 그들이 대를 이어 애용자 네트워크를 구축하고 대를 이어 사업을 발전시켜나간다면 큰 부를 축적하지 않을까? 우리나라 부자들과 재벌들을 보면 1세대에서 축적한 부를 2세대, 3세대가 물려받아 계속 확장해왔다는 것을 알 수 있다.

여러분은 현재 부모가 했던 일을 물려받아 하고 있는가? 아니면 부모가 했던 일과는 다른 일을 하고 있는가? 대부분의 사람들은 직장이나 사업에서 어느 정도 성취를 하더라도 은퇴하거나 그만두면 다시 원점으로 간다. 그리고 그 자식들은 부모처럼 처음부터 다시 시작해서 어느 정도 성취하고 나면 다시 원점으로 가니 쌓이는 것이 없다. 그래서 대를 이어가더라도 가난한 삶에서 헤어나지 못하는 것이다.

성공하려면 오래 할 수 있는 일, 꾸준히 할 수 있는 일, 평생 할 수 있는 일을 찾아서 끈기 있게 해나가야 한다. 그런데 오랫동안 꾸준히 죽을 때까지 할 수 있는 일을 찾기가 힘들다. 더군다나 대를 이어서 할 수 있는 일은 눈을 씻고도 찾아보기 힘들다. 암웨이 사업은 그런 면에서 모든 조건을 만족시킨다. 그래서 나는 자녀들에게 암웨이 사업을 가르치고 있다.

제2장

인생의 사분면과
재정적 자유

어떻게
돈을 벌 것인가?

　　로버트 기요사키는 《부자 아빠 가난한 아빠》에서 '세상에는 네 부류의 사람이 있다'고 했다. 네 부류의 사람이란 직장인, 자영업자/전문직, 사업가, 투자가를 말한다. 직장인과 자영업자/전문직은 자신의 노동력을 들여서 돈을 벌기에 1차원적인 수입을 얻는 사람들이다. 반면 사업가와 투자가는 자산을 들여서 돈을 버는 사람들로, 나이 들어서도 지속적으로 돈을 벌 수 있어 시간과 돈으로부터 자유로운 삶을 산다. 그렇다면 우리와 같은 평범한 사람들은 어떻게 자산 소득을 만들 수 있을까? 그러려면 무엇에 관심을 가져야 할까?

지금 나는 어느 영역에 있는가?

우리는 왜 이렇게 재정적·시간적 굴레에서 허덕이며 살아가는가? 우리는 어떻게 돈을 벌고 있기에 늘 배고픔과 갈증을 느끼면서 살아가는가? 이런 의문들에 대한 답은 기요사키의 '현금 흐름 사분면'에서 찾을 수 있다.

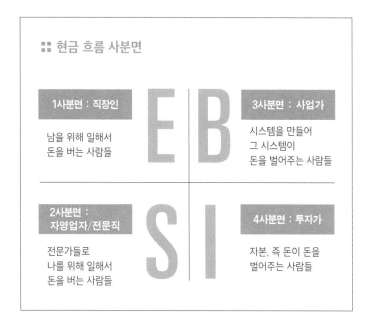

현금 흐름 사분면에서 왼쪽 위의 공간 E는 '직장인 영역'이다. 대기업, 중소기업, 관공서 등에서 월급을 받고 근무하는 사람들이다. 이들은 고용주에게 노동력을 제공하고 그 대가로 비교적 안정적으로 돈을 번다. 하지만 자신의 노동력을 들여서 돈을 벌기에 이들의 수입은 1차원적 수입이다. 초기 투자 없이 수입이 들어오므로 결과를 빨리 얻는다 할 수 있으나 시간이 지나면서 수입의 증가 폭이 미미해지고, 몸이 아프거나 일을 하지 못하거나 일을 그만두면 수입이 제로(0)가 되는 게 한계다.

왼쪽 아래 공간 S는 '자영업자/전문직 영역'이다. 이들은 자신의 일터를 가지고 있으며 자기가 일한 만큼 수입을 얻는다. 일반적으로 소규모 자영업자와 전문직 종사자(변호사, 회계사, 의사 등)들이 여기에 속한다. 이들은 남에게 일을 맡기기보다는 자기 노력으로 수입을 창출한다. 똑똑하고 부지런하면 어느 정도 수입을 유지하지만, 혼자 일하기 때문에 큰 수입을 버는 데는 한계가 있다. 직장인과 다른 점은, 일한 만큼 수입을 창출할 수 있지만 안정적인 수입은 보장되지 않는다는 것이다.

이처럼 왼쪽 영역 E와 S에 있는 사람들의 공통점은 자기가 가지고 있는 귀중한 시간과 능력을 수입과 맞바꾸는 것이다. 그래서 몸이 아프거나 일을 하지 못하면 수입을 기대할 수 없다.

오른쪽 아래 공간 I는 '투자가 영역'이다. 이들은 투자를 중요하게 생각한다. 자신이 직접 기업을 운영하기보다는 남의 기업에 투자하는 걸 선호하고, 개인이 시간을 쓰는 것과 무관하게 부를 창출한다. 이들은 부와 자유를 동시에 가진다. 육

체적인 노동을 하지 않고도 투자한 기업이나 자산을 통해 안정된 삶의 수준을 유지하기 때문이다. 이들은 투자 규모에 따라 수입이 불어나는 속도가 다르다. 조그마한 눈덩이와 큰 눈덩이를 굴렸을 때 어느 눈덩이가 더 쉽게 불어나는지를 생각하면 이해가 빠를 것이다. 그러나 이 영역은 돈이 없는 사람들은 꿈도 꿀 수 없는 영역이다. 투자할 수 있는 돈과 사업을 보는 안목이 없기 때문이다.

오른쪽 위의 B는 '사업가 영역'으로 기업체의 소유주나 창업자들을 말한다. 이들은 자신이 부를 창출하기보다 똑똑한 피고용인을 찾는 데 더 열심이다. 이들은 자신의 사업을 키워줄 사람을 찾아 업무를 시키고 월급을 주며, 기업의 이익을 대가로 가져간다. 기업의 시스템이 안정적으로 돌아가면 시간과 부를 동시에 얻을 수 있는 영역이다. 왼쪽 영역 E, S의 사람들과 다른 점은 몸이 아프거나 일을 하지 못해도 이들을 위해서 일을 해주는 누군가가 있기 때문에 수입에 큰 지장을 받지 않는다는 것이다.

현금 흐름 사분면에 나타난 것처럼 같은 돈을 벌지만 돈을 버는 방식은 아주 다양하다. 위의 네 부류의 사람들도 서로 다른 방법으로 수입을 올리고 있다. 여러분은 과연 어느 영역에서 돈을 벌고 있는가? 그 차이를 아는 것이 부자가 되는 첫걸음이다.

사업가가 되는 3가지 방법

여러분은 어느 영역에서의 수입을 꿈꾸는가? 재정적으로나 시간적으로 여유가 있으려면 기요사키가 말하는 오른쪽 영역의 사업가나 투자가로서 돈을 벌어야 한다. 이는 자신의 노동력과 시간을 들여서 수입을 얻는 왼쪽 영역의 직장인, 자영업자/전문직보다 오른쪽 영역의 사업가, 투자가의 일이 더 우월하다는 의미가 아니다. 오른쪽 영역의 수입이 자산 소득에 가깝기 때문에 경제적 여유와 시간적 여유를 동시에 가져다줄 수 있다는 말이다.

직장인과 자영업자/전문직이 많이 벌지 못하는 이유는 다음과 같은 공식을 통해 알 수 있다.

> 1명의 노동 = 1명의 수입

사업가와 투자자가 돈을 많이 버는 이유는 아래의 공식으로 나타낼 수 있다.

> 자신의 회사 종업원들의 노동 = 종업원 수에 비례한 수입
>
> 자신 소유의 자산(부동산, 주식 등) 관련 수입 = 보통 사람 몇 배의 수입

그러면 우리는 어떻게 해야 하는가? 기요사키의 충고에 의하면, 왼쪽 영역의 사람은 먼저 오른쪽 사업가 영역으로 옮기는 것이 좋다. 물론 투자가 영역이 제일 바람직하지만 여건이 되지 않는다면 먼저 성공적인 사업가가 되기를 권한다. 사업 경험이 있어야 어떤 사업에 투자할지 감이 잡힌다.

기요사키는 사업가가 되는 방법이 3가지 있다고 말한다.

첫째, 회사를 차리는 방법이다. 회사를 차리는 것은 큰 자본과 기술력을 필요로 하고 실패의 위험성도 있지만 그런 점들은 스스로 감당해야 한다. 즉 돈과 능력이 있으면 회사를 설립하라는 얘기다.

경제적 자유를 얻는 3가지 방법

1. 회사를 차린다. → 시스템 개발
2. 가맹점에 가입한다. → 시스템 구매
3. 직접판매 사업을 하라!

로버트
기요사키

"부자들은 자산에 관심을 갖고,
가난한 사람들은 수입에 관심을 갖는다."

둘째, 성공적인 가맹점(Franchise)에 가입해 기존의 성공 시스템을 사는 방법이다. 이 방법은 실패의 위험성은 적으나 상당한 창업 자금(맥도날드 기준으로 약 15억~20억 원)을 부담해야 한다. 그러니 돈은 있으나 능력이 안 되면 가맹점 사업을 하는 것이 낫다.

셋째, 돈도 능력도 없다면 직접판매 사업을 해보는 것이다. 이는 성공 시스템을 활용하는 것이므로 위험요소가 적고 가맹비 부담도 없다. 다만, 초기엔 사업 시스템을 열심히 배워야 하므로 시간을 내서 공부하는 노력이 필요하다. 돈 버는 시스템의 일원이 되어 시스템을 활용하는 사업이므로 시스템이 잘 구축되어 있는 회사와 그룹에 들어가는 것이 무척 중요하다.

나는 30대 초반에 삼성경제연구소에서 수석연구원으로 재직하면서 미술 학원, 커피 전문점, 의류 체인점을 부업으로 했고, 암웨이를 소개받아 직접판매 사업을 하고 인터넷 회사도 창업해서 운영해오는 등 기요사키가 말한 3가지 사업을 모두 해보았다. 이 중에서 25년이 지난 지금도 꾸준히 인세 같은 수입을 가져다주는 것은 암웨이 사업이다.

우량한
직접판매 회사의 조건

현재 직장을 다니거나 전문직에 종사한다면 기요사키가 말한 사업가가 되는 3가지 방법 중 첫째나 둘째 방법을 실행하기가 쉽지 않다. 그러나 셋째 방법인 직접판매 사업, 즉 암웨이 사업은 업무가 끝난 후에도 할 수 있을 뿐만 아니라 자본 없이 사업을 배울 수 있고, 네트워크 자산을 늘려 인세 수입을 얻을 수 있기에 지금 하는 일을 유지하면서 할 수 있다.

직접판매 회사의 선두주자인 암웨이와 일반 다단계 회사 사이에는 큰 차이가 있다. 세법상 암웨이도 직접판매 업종으로 분류되어 있지만, 사업 방식과 보상 방식, 제품 수준과 기업 문화는 현격한 차이가 있다. 스타벅스와 동네 커피점은 모두 동일한 식음료 업종이지만 그 차이가 크고, 호텔도 별이 몇 개냐에 따라 서비스나 시설이 천양지차인 것처럼 말이다.

암웨이는 무엇이 다른가?

암웨이와 일반 다단계 회사의 차이점은 4가지로 정리할 수 있다.

첫째, 암웨이는 생필품 제조 회사다.

암웨이는 유통 회사가 아니라 애초부터 생필품과 건강식품, 화장품, 정수기, 공기청정기 등을 직접 제조해왔다. 그것도 세계 최고 수준의 품질을 자랑하는 제품들을 말이다. 여타 회사는 대부분 제품을 OEM(주문자 상표 부착 생산 방식)으로 외부 제조 업체로부터 매입해서 유통시키는 '유통 회사'이지만, 암웨이는 세계 최고의 생필품을 직접 제조해 암웨이 쇼핑몰에 서만 유통시킨다. 여타 백화점이나 상점에서는 팔지 않는다.

둘째, 암웨이 쇼핑몰에서 취급하는 수천 종의 제품은 대부분 일상에서 자주 쓰는 생필품이기에 브랜드만 바꿔서 쓰는 자가 소비만으로도 점수를 올릴 수 있어 캐시백을 안정적으로 받을 수 있다. 이는 '회원들의 수입이 비교적 안정적이다'라는 말과도 통한다. 한국의 경우 암웨이 쇼핑몰을 이용하는 회원들 중 90%가 암웨이 제품이 좋아서 꾸준히 애용하는 소비자라는 통계가 이를 말해준다. 사업적으로 회원을 늘려가는 사업자 비중은 전체 암웨이 쇼핑몰 이용 회원의 10%도 안 된다.

셋째, 보너스를 받기 위해 자신의 회원번호로 일정 금액 이상 실적을 올려야 한다는 규정이 없다. 다단계 회사는 제품 종수가 적거나 생필품이 아닌 단발성 제품을 취급하면서 자기 회원번호로 매월 얼마 이상의 판매 실적을 올려야 보너스를 받을 수 있는 구조로 되어 있다. 그래서 실적에 대한 압박감이 큰 편이다. 보통은 자기 회원번호로 200만~400만 원 내외의 판매 실적을 올려야 보너스를 지급하는 경우가 대부분이라 사업자들은 보너스를 받기 위해 매월 실적을 올리려고 애쓴다. 이는 보험회사나 방문판매 회사도 마찬가지이다.

사람들은, 판매 수당을 지불한다는 이유로 암웨이도 최소 판매 실적이 있어야 보너스를 받는 줄 착각한다. 그러나 암웨이는 자신의 회원번호로 사거나 팔지 않아도, 자기가 소개한 회원들이 올린 자가 소비 실적이 있고 해당 점수 기준에 해당하면 보너스를 지급한다. 매월 자신의 회원번호로 일정 금액 이상의 구매나 판매 실적이 있어야 보너스를 지급하는 여타 다단계 회사와 다르기에 재고 부담이 거의 없다.

물론 욕심으로 제품을 사재기하듯 미련스럽게 사서 손해를 보는 경우도 있을 수 있다. 하지만 그런 회원은 제대로 된 사업 방식을 몰라서 그렇게 하는 것이다. 암웨이는 사재기하는 방법으로는 결코 성공할 수 없다. 여타 다단계 회사에서 안 좋은 경험을 했던 분들이 암웨이 보너스 체계도 당연히 그런 줄 알지만 실상은 그렇지 않다.

넷째, 암웨이 쇼핑몰에서 유통되는 전 제품은 회원 등급과 자격에 관계없이 동일한 회원가로 제공한다. 여타 회사처럼 회원 등급이나 매출 실적에 따라 제품 가격에 차등을 두지 않는 것이다. 그렇기에 사재기를 할 필요도, 재고를 많이 확보할 필요도 없다. 필요한 제품만 필요한 시점에 구매하면 된다. 특히 인터넷이나 정보통신 기술이 발달한 한국 시장에서의 암웨이 매출이 십수년간 꾸준히 안정적으로 성장한 이유는 이런 특징들이 있기 때문이다. 그런 의미에서 암웨이 회사와 유사 회사는 구분되어야 할 필요가 있다.

일반 재테크와 암웨이

사실 노후의 재정 문제를 해결하려면 수십억 원의 목돈보다 매월 200만~300만 원 이상의 연금 같은 수입이 더 가치가 있다. 부부가 매월 200만~300만 원 이상의 연금 수입이 있다면 최저생계 이상은 유지할 수 있기 때문이다. 2~5년간 꾸준히 해서 이 정도의 수입이 죽을 때까지 나오고, 자식에게 상속될 수 있는 사업이 있다면 어떻겠는가? 그런 인세 수입이 있으면 마음이 편해지고 돈 걱정도 덜어진다.

작은 의미에서의 재정적인 자유는 별것이 아니다. 평생 먹고 사는 데 지장이 없는 일정 규모의 연금 수입을 확보하는 것이다. 이 문제를 해결하고 나서 다른 일을 하는 게 순리다.

아래 그림을 보면 보통 사람들은 수입에서 지출을 뺀 금액을 저축해서 목돈을 만들고 부동산이나 은행, 주식 등을 통해 자산을 불려나간다. 하지만 은행 상품 외에는 위험성이 꽤 큰 편이어서 원금이 훼손될 가능성이 많다. 위험성에 비해 수익률도 생각만큼 높지 않다. 주식이나 부동산 투자를 해보지만 꼬박꼬박 인세와 같은 수입을 벌기가 쉽지 않다. 자금이 묶여 있거나 손실을 보지 않으면 그나마 다행이다. 부동산과 주식

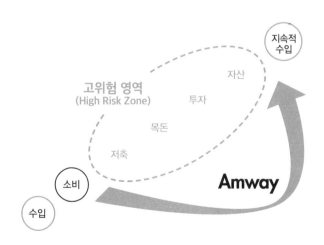

도 치열하게 공부하지 않으면 돈을 벌기 힘들다.

하지만 암웨이는 일반 재테크와 다르다. 어차피 사서 써야 할 생필품을 암웨이 쇼핑몰에서 구매하고, 제품에 만족하면 구전을 통해 회원을 가입시키고, 이들이 제품을 잘 애용할 수 있도록 도우면 그 노력에 해당하는 보너스가 발생하기 때문이다. 즉 암웨이는 겉으로는 판매하는 것처럼 보이나, 본질적으로는 암웨이 제품 애용자들을 규합해 지속적으로 수입이 창출되도록 하는, 위험성이 전혀 없는 사업이다.

암웨이가 판매 수입이 아닌 자산 수입이라는 말이 잘 이해가 안 되는 분들은 4장을 2~3회 반복해서 읽어보면 도움이 될 것이다.

그러면 암웨이는 처음부터 연금 수입이 들어오는가? 아니다. 처음부터 연금 수입이 발생할 수는 없다. 무형자산인 '애용자 네트워크'가 만들어지기 전까지는 건물을 짓는 것처럼 시간이 걸린다. 건물을 올릴 때는 돈을 버는 게 아니라 계속 지출되고 투자되어야 한다. 수입이 있기는커녕 마이너스다. 그렇지만 건물이 완성되어 임대를 주면 꾸준한 수입이 생긴다.

암웨이는 초기 애용자가 몇 명 안 될 때는 용돈처럼 적은 수입이 들어오지만, 애용자가 점점 늘어나면 연금 같은 수입이, 애용자가 배가 되면 배당금처럼 자산 수입이 들어오

정답 : 자산 수입이다.
처음에는 임시 수입 같지만, 암웨이 제품을 좋아하는 애용자 네
트워크가 만들어지면 스스로 홈쇼핑을 하게 되므로 꾸준히 연
금 같은 자산 수입이 들어오니까.

는 가치 있는 일이다. 이러한 자산을 확보하는 것에 총력을 기
울여야 한다. 그래야 재정적 자유가 생기고, 시간의 자유
를 누릴 수 있고, 미래가 빛난다. 재정적인 자유가 있어야 고
생 끝, 행복 시작이다.

자산이 없는 사람들은 이제부터라도 애용자 네트워크 자산
을 만들어가는 데 관심을 가져보라. 그래야 나이 들어 고생하
지 않는다.

제3장

유통의 변화와 사업의 기회

LIFE
COACHING
BUSINESS

암웨이는
직접판매 회사

앞에서 얘기했듯 암웨이는 생필품 유통 회사이면서 생필품을 직접 제조하는 회사이기도 하다. 이는 최고의 품질을 지키기 위한 방법이다. 다만 자사의 제품을 팔기 위해 광고나 중간 유통 단계를 두지 않고 직접판매 방식을 취하고 있어 소비자들이 보기에 익숙하지 않을 뿐이다.

일반 회사는 제품을 팔기 위해 광고를 하고 유통 업체를 통해 제품을 유통시키기 때문에 광고나 유통에 많은 비용을 책정하거나 관련 업체에 마진을 보장해준다. 이는 제품 가격에 포함되어 고스란히 소비자가 부담하게 된다. 하지만 암웨이는 광고 업체나 유통 업체들이 하는 구전과 제품 유통의 역할을 암웨이 회원들이 하도록 하는 대신 광고 업체와 유통 업체에 지불할 돈을 그들에게 보상해준다. 그러면 회원들은 제품을 저렴하게 사서 좋고, 소비자 네트워크를 구축하여 제품을 유통시킨 노력에 대한 보상으로 보너스를 받을 수 있어 더 좋다.

광고와 유통을 없앤 직접판매 방식

전통적인 유통 방식은 제품을 생산하는 생산자를 중심으로 총판, 도매점, 소매점을 거쳐 최종 소비자에게 전달된다. 생활용품의 경우에는 생산자의 원가 비중이 최종 소비자 가격의 20% 정도를 차지하고, 광고와 총판, 도소매까지의 중간유통 비용이 소비자 가격의 80% 정도를 차지한다. 따라서 전통적인 방식으로 유통된 제품을 구입할 경우 소비자들은 제품의 품질과 직접 관련이 없는 비용을 80% 정도 부담하는 셈이다.

이러한 유통 단계를 줄인 것이 할인점이다. 이마트, 홈플러스 등으로 대표되는 할인점은 유통 단계를 줄였기 때문에 소비자들은 30% 정도 싸게 물건을 구입할 수 있다. 그러나 새로운 유통 방식인 인터넷 쇼핑몰, 통신판매 등 무점포 판매 방식이 급성장하면서 할인점도 경쟁력을 점차 잃어갔다. GS샵, 쿠팡, 옥션, 지마켓 등 인터넷 쇼핑몰과 홈쇼핑 업체들이 할인점 가격으로 집으로 배달까지 해주기 때문이다. 이러한 인

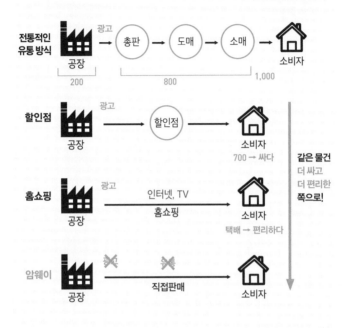

★ 암웨이의 광고와 유통을 없앤 직접판매 방식

터넷 쇼핑몰도 중간유통 회사이며 마진을 상당 부분 챙겨가므로 유통 단계를 더 줄일 여지가 있다.

SNS와 정보통신 기술, 물류 서비스 기술이 고도로 발달하면 중간유통 단계가 배제된 직접판매 방식으로 변화할 수밖에 없다. 미국의 델컴퓨터(현재 델 테크놀로지스)와 암웨이가 대표적이다. 1980년대와 1990년대에 세계 최대 PC 판매사였던 델컴퓨터는 컴퓨터 주변 기기를 비롯해 HDTV, 카메라, 프린터, MP3 플레이어와 같은 전자 제품도 취급하면서 중간유통 단계나 회사를 거치지 않고 직접 소비자와 거래하는 혁신적인 유통 시스템을 도입해 세계적인 컴퓨터 회사로 성장했다. 암웨이의 유통 방식도 델컴퓨터처럼 직접판매 방식을 채택했지만, 델과는 달리 대중광고에는 비용을 들이지 않고 제품을 직접 써본 소비자들의 구전 노력을 통해 유통되는 제품에 고유의 점수를 부여해서 점수에 따라 캐시백을 해준다. 두 회사 모두 세계적인 기업으로 성장했다. 왼쪽 페이지의 도표에서 보듯 암웨이는 유통 회사라기보다는 제조 회사에 가깝다. 물론 지금은 글로벌 No.1 헬스케어 플랫폼 기업으로 변신 중이지만.

암웨이는
마트 바꿔 쓰기

 '암웨이를 한다'는 것은 보통 사람들이 일반 마트에서 사서 쓰는 생필품을 암웨이 쇼핑몰에서 소비한다는 말이고, 이를 반복하다 보면 본인이 애용자가 되고, 제품이 좋아서 주변에 소개하다 보면 애용자 네트워크가 만들어져서 인세와 같은 수입을 받게 된다는 말이다. 즉 소비가 단순히 지출로 끝나지 않는다. 소비가 선순환되어 애용자들이 꼬리에 꼬리를 물고 늘어나고 꾸준히 누적되어 어느 규모 이상이 되면 애용자들의 공동구매 단위가 커지고 그에 상응해 수입도 커진다. 처음에는 수입이 용돈처럼 들어오지만 나중에는 연금 수입 형태로, 자산 수입 형태로 커질 수 있다. 즉 소비가 수입으로 연결된다.

일반적으로 사업은 판매를 하거나 투자를 해야 하는데, 암웨이는 점수 있는 암웨이(쇼핑몰) 제품으로 바꿔 쓰고, 만족하면 주위에 소개하는 식의 구전 활동으로 사업이 이루어진다. 그래서 암웨이를 처음 접하는 사람들은 이러한 사업 개념을 이해하는 것을 어려워한다. 이런 점 때문에 암웨이를 다단계나 이상한 판매 방식으로 오해하기도 한다. 물론 지금은 창업한 지 60년 이상 되었고, 한국에 들어온 지도 30년 넘은 대기업이 되어 그런 오해를 많이 덜었지만 아직도 고정관념이 있거나 사업 개념을 이해 못 하는 사람들이 많다.

암웨이의 출발은 이렇게 이 마트 저 마트에서 구매하던 생필품을 암웨이 마트로 바꿔보는 일에서 출발한다. 암웨이 쇼핑몰에서 제품을 구매해서 사용해보고 좋다고 느끼면 주위에 소개하면 된다. "당신도 암웨이 쇼핑몰을 이용해서 생필품을 구매해보라"고. 그렇게 회원이 한 명 두 명 늘어나기 시작하면 나처럼 암웨이 마트를 이용하는 사람들이 늘어나고, 일정 규모 이상 커지면 자산 수입으로 되돌려 받게 된다. 회원 규모가 커지면 커질수록 자산성 수입은 늘어난다.

암웨이는
구전이 생명

　암웨이는 일반 회사와 달리 판매나 유통 조직이 없다. 암웨이 회원들을 지원하는 영업컨설팅 팀이 있을 뿐이다. 회원들에게 제품 정보를 전달하고, 회원들이 다른 회원들을 잘 후원할 수 있도록 돕는 게 영업부서의 일이다. 광고나 유통은 회원들이 담당한다. 회원들이 소비자이면서 사업자가 되어 소비자 네트워크를 만들고 암웨이 제품을 유통시킨다.

　소비자 네트워크는 구전이 되어야 만들어질 수 있는데, 구전이 잘되려면 무엇보다 제품이 좋아야 한다. 질 낮은 물건으로는 결코 구전이 될 수 없다. 따라서 암웨이는 연구개발비와 좋은 원료 확보에 노력을 많이 들여 최고의 제품을 생산하는

지속적인 구전을 위한 선결 조건

1. 우수한 품질의 제품
2. 품질 대비 가격 경쟁력 우위 확보
3. 100% 만족보증제
4. 용이한 홈쇼핑과 빠른 택배 서비스
5. 구전 광고에 대한 합리적인 보상

정책을 취하고 있다. 일반 회사의 원가 구조가 소비자 가격의 20% 수준이라면 암웨이는 35% 이상 투자한다.

또 회원들에게는 30% 할인된 70% 회원가로 공급하고, 매출액의 35%로 회원기금을 조성해 회원들의 구전과 제품 유통 노력 정도에 따라 돈으로 직접 보상해준다. 보상금은 회원가 입을 할 때 등록한 은행 계좌에 매월 중순에 입금해준다. 그 외에 100% 만족보증제를 채택해 제품에 만족하지 않으면 사용 여부에 관계없이 3개월 이내에 무조건 100% 환불해주며, 주문 후 24시간 이내에 배송하는 것을 원칙으로 하고 있다.

그러므로 암웨이 회원은 자기가 물건을 써보고(①소비자의 역할), 좋으면 주위 사람들에게 제품 및 암웨이 쇼핑몰을 알리거나(②광고 업자의 역할), 단순 소비자들에게 제품을 구입해서 전달할 수도(③유통 업자의 역할) 있다.

과거 암웨이 방식에서는 유통 업자로서의 역할이 매우 중요했지만, 인터넷과 SNS가 발달한 지금은 구전 등 정보 전달자로서의 역할이 더 중요해졌다. 지금은 소비자들이 각자의 회원번호로 인터넷이나 모바일, 전화로 홈쇼핑을 할 수 있게 되었고, 제품과 서비스에 만족하면 주위 사람들에게 암웨이 회원가입을 추천하고 쇼핑하는 방법을 안내하는 것만으로도 사업이 되는 형태로 발전되었다.

물론 암웨이는 회원들의 구전 광고 및 유통 기여 정도를 정확히 계산해주기 위해 유통되는 전 제품에 점수를 부여하고 이를 슈퍼급 컴퓨터로 철저히 누계 관리하고 있다. 회원들은 전 세계적으로 연결되어 있기에 이를 계산하려면 엄청난 컴퓨팅 파워가 필요하다.

이렇듯 암웨이는 할인점이나 기존 홈쇼핑 업체와 달리, 회원들에게 좋은 품질의 제품을 저렴한 가격에 사서 편안하게 집에서 배달받는 특권을 주는 것은 물론, 소비자 네트워크를 만들어 유통에 기여하면 회원들에게 매출액의 35%를 노력 정도에 따라 현금으로 배분해주는 독특한 보상 방식을 채택하고 있다.

암웨이는 매출액의 35%를 보너스로 지급

여기서 차별화되는 것이 바로 보상 방식이다. 일반 회사들은 보통 매출액의 1% 미만을 캐시백 해주는데 암웨이는 매출액의 35% 내외를 캐시백 해준다. 여러분은 일반 회사들에서 캐시백을 받아보았을 것이다. 생활에 큰 도움이 되던가? 아마

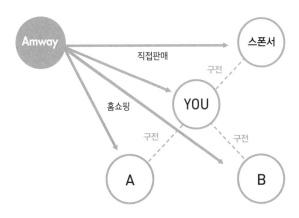

★ 암웨이의 직접판매 방식

1. 고품질
2. 품질 대비 저렴한 가격
3. 100% 만족보증제
4. 택배 서비스
5. 캐시백

소비자 만족 → 구전

네트워크 점수 = 자가 소비 점수 + Σ소개 소비 점수
누가 캐시백을 제일 많이 받을까?

별로 도움이 되지 않았을 것이다. 왜냐하면 혼자 구매해 얻는 캐시백은 한계가 있기 때문이다.

대부분의 회사는 자가 소비한 금액만 점수로 인정해 캐시백을 해줄 뿐이지만, 암웨이는 자가 소비는 물론 구전 소비의 합까지 인정하는 네트워크 점수로 보상을 해주기에 노력 여하에 따라 보상받는 캐시백의 규모가 현격히 다르다. 암웨이는 절감된 광고·유통비를 전체 매출액의 35%만큼 회원들에게 보상해주는데, 한국암웨이의 최근 매출액이 1조 2,000억 원을 넘어섰으니 1년에 약 4,000억 원 이상을 회원들에게 캐시백 해준 셈이다.

여러분이라면 자가 소비만 인정해주는 기존의 쇼핑몰에서 쇼핑하겠는가? 아니면 자가 소비 점수는 물론 내가 소개한 회원들과 또 그들이 소개한 회원들이 모두 사용한 소비 점수의 합인 네트워크 점수까지 총체적으로 계산해서 보상해주는 암웨이 쇼핑몰에서 쇼핑하겠는가? 그것도 일회성이 아니라 회원들이 계속 소비하면 그 실적을 매월 계산해서 준다면 말이다.

제4장

암웨이의
보너스
배분 방식

LIFE
COACHING
BUSINESS

매출액의
35%가 보너스

　　암웨이 애용자들은 암웨이가 직접 만든 450여 종의 생필품과 위탁판매 제품을 암웨이 인터넷 쇼핑몰을 통해 회원가로 구매하며, 절감된 광고·유통비를 매월 암웨이로부터 캐시백 받는다. 캐시백은 매출액의 약 35%다. 즉 자가 소비한 점수와 구전 노력을 합한 점수를 컴퓨터로 매월 집계해 암웨이의 보상 기준에 따라 공평하게 보상해주는데, 이 방식이 매우 독특하고 합리적이다. 여러분이 이 보상 방식을 제대로 이해하면 그 정교함과 천재성에 충격을 받을지 모른다.

보너스의 원천은 절감된 광고 · 유통비

앞서 말했듯 암웨이는 여타 유통 업체와 달리 광고를 하지 않으며, 중간유통 조직을 두지 않는다. 또한 일반인에게는 판매하지 않고 회원들에게만 상품을 공급한다. 회원들이 직접 암웨이 쇼핑몰에 전화, 컴퓨터, 모바일로 상품을 주문하면 30% 할인된 회원가로 집까지 배달해준다.

여기까지는 홈쇼핑 업체와 시스템이 같다. 정보통신 기술이 발달되기 전에는 회원들이 물류 창고에서 물건을 구입하면 회사가 주문한 사람의 집으로 배달해줬지만, 2000년 이후부터는 인터넷 쇼핑몰과 모바일 쇼핑몰 형태로 운영되어 집까지 택배 서비스를 하고 있다.

창립 당시부터 암웨이는 '품질이 좋고, 품질에 비해 가격이 저렴하다면 입소문이 나서 광고 없이도 제품이 유통될 것'이라고 가정했다. 즉 광고 모델, 언론사, TV 매체 등에 광고비를 주는 대신 회원 소비자들의 구전 광고에 의존하는 영업 방식을 채택한 것이다. 언론 매체나 중간유통 업자들에게 지불해야 할 광고비와 유통비는 별도의 보너스 기금으로 적립해 광고와 유통에 기여한 회원들에게 일정한 배분 기준에 따라 보너스로 되돌려준다. 이는 소비자들이 연대해 공동구매를 하고 여기서 나오는 보너스 기금을 기여 공로에 따라 나누어

갖는 방식과 같다.

보너스 기금은 매출액의 35% 내외가 적립된다. 이 중 26%는 네트워크 점수에 입각한 매출 기여도에 따라 배분하고, 나머지 9%는 다른 사람을 얼마나 성공시켰는가에 따라 지급한다. 이는 각각 1차 보너스(26%), 추가 보너스(9%) 등으로 분류해 해당 회원들의 통장에 매월 혹은 연말에 현금으로 보상해 준다.

PV와 BV 이해하기

암웨이의 보너스는 PV와 BV 제도가 있어 물가가 오르면 그에 연동해서 보너스가 오르도록 설계되어 있다. 그래서 암웨이 수입은 연금 수입으로서의 가치가 있다.

PV와 BV의 개념

PV (Point Value. 제품 점수)
각 제품에 부여된 고유 점수, 자격과 보너스 수준을 결정하는 수치. 거의 변하지 않는다.

BV (Business Volume. 제품 가격지수)
각 제품에 부여된 보너스 지급 기준 가격. 보통 회원가에서 부가세 10% 정도를 뺀 금액이다. 물가가 오르면 그만큼 상승한다.

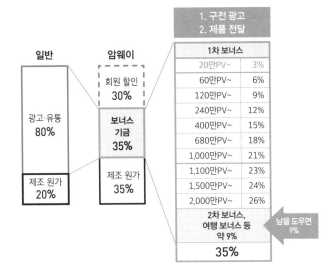

1차 보너스	
20만PV~	3%
60만PV~	6%
120만PV~	9%
240만PV~	12%
400만PV~	15%
680만PV~	18%
1,000만PV~	21%
1,100만PV~	23%
1,500만PV~	24%
2,000만PV~	26%

암웨이 회원의 혜택

1. 고품질 제품
2. 합리적 가격
3. 택배 서비스
4. 100% 만족보증제
5. 보너스

제품 가격과 보너스 연동 지수(2023년 기준)
→ PV : BV = 1 : 1.7
20만PV = 34만 원(BV)

20만PV × 3% = 6,000PV

20만PV 소비 시 실제 캐시백 : 6,000PV × 1.7 = 10,200원

보너스 배분 방식 :
기본 모형

그러면, 암웨이는 보너스를 어떻게 배분해줄까?

한 예로, YOU가 있고 YOU에게 암웨이를 소개한 스폰서 (S)가 있다고 가정하자. YOU가 암웨이 제품을 써보니까 마음에 들고 좋아서 친구 A와 선배 B에게 소개했다. 그리고 4명 모두 20만PV씩 제품을 구매했다. 이런 경우 누가 보너스를 제일 많이 받을까?

물론 여기서 20만PV는 암웨이 쇼핑몰에서 구입하면 34만 원 정도 된다. 계산의 편의를 위해 가정한 숫자이다. 결코 얼마 이상 구입해야 하는 의무 구매액은 없다. 우리나라의 경우 4인 가족 기준으로 가구당 생필품 소비액이 월 150만 원 내외라고 보면 34만 원 지출은 수긍이 되는 숫자다.

암웨이는 먼저 시작한 사람이 유리하다?

암웨이는 일차적으로 매출에 기여한 순으로 보너스를 나누어준다. 스폰서(S)로 인해서 발생된 매출은 스폰서(S), YOU, A, B가 소비한 합계인 80만PV이다. 전체 매출 80만PV에 대한 보너스는 보너스 요율표(86쪽 도표 참조)에 의하면 6%에 해당하고 48,000PV(80만PV×6%)가 된다.

이 금액은 네 가구가 함께 공동구매한 결과이므로 보너스도 나누어 가지게 될 것이다. 마찬가지로 YOU로 인해 발생된 매출은 60만PV, A와 B는 각자 소비했으므로 각각 20만PV이다. 이런 경우 누가 수입이 제일 많을까? 아마 스폰서(S)라고 생각할 것이다. 왜냐고? 제일 먼저 시작했고 공동구매 점수가 제일 많으니까.

정말 그럴까? 스폰서(S)의 보너스를 계산해보자. 스폰서(S)는 전체 보너스 중 YOU로 인해 발생된 보너스를 뺀 나머지를 받게 된다. 즉 YOU로 인해 발생된 매출 60만PV에 대한 보너스는 앞의 보너스 요율표에 의거해 6%에 해당하는 36,000PV가 된다. 그러므로 스폰서(S)의 몫은 이 금액을 뺀 나머지 12,000PV, 즉 20,400원(12,000PV×1.7)을 수령하게 된다.

YOU의 보너스도 위와 동일하게 계산하면 된다. YOU로
인해 발생된 소비 매출 60만PV 중 A와 B의 몫을 제외한 나머
지를 YOU가 받게 되는데 A와 B는 각자 20만PV씩 소비했으

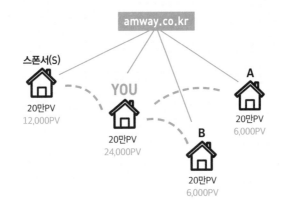

★ 암웨이 보너스는 선착순이 아니라 노력 순

배분 원리 :
나중에 소개받은 사람 먼저 주고, 남는 것을 스폰서(S)에게 준다.

1차 보너스	
20만PV~	3%
60만PV~	6%
120만PV~	9%
240만PV~	12%
400만PV~	15%
680만PV~	18%
1,000만PV~	21%

S 그룹 : 80만PV × 6% = 48,000PV
YOU 그룹 : 60만PV × 6% = 36,000PV
S : 12,000PV
*실제 S의 수입 = 20,400원(12,000PV ×1.7)

YOU = YOU 그룹 − A − B
 A : 20만PV × 3% = 6,000PV
 B : 20만PV × 3% = 6,000PV

YOU : 24,000PV
 (= 36,000PV - 6,000PV - 6,000PV)

* 실제 YOU의 수입 = 40,800원(24,000PV ×1.7)

므로 보너스 요율표에 의거해 20만 원에 대한 3%의 보너스를 적용하면 각각 6,000PV이다. 따라서 YOU의 보너스는 위 식에 근거해 24,000PV, 즉 40,800원을 받는다.

A와 B의 보너스는 다음과 같다. 6,000PV(20만PV×3%), 즉 10,200원씩 보너스 금액이 계산되며, 이들 금액은 그다음 달 14일에 각자 암웨이 회원가입 때 등록한 통장에 입금된다.

위의 사례를 보면 누가 수입이 더 많은가? 먼저 시작한 스폰서(12,000PV)가 아니라 노력을 많이 한 YOU(24,000PV)가 보너스를 더 많이 받게 된다. 왜냐하면 스폰서(S)는 YOU 한 명에게 구전했지만, YOU는 A와 B 두 명에게 구전 노력을 했기 때문이다.

즉 암웨이의 보너스 배분은 선착순이 아니라 노력 순이다. 먼저 시작했다고 더 유리하지 않고, 늦게 시작했다고 더 불리하지도 않다. 그러니 이처럼 간단한 구조에서도 수입이 역전된다. 만약 먼저 시작한 사람이 무조건 유리하고 보너스를 더 받는다면 그건 피라미드 방식이다. 암웨이는 피라미드가 아니다. 이는 일반적인 우리의 상식과는 반대되는 결과다.

스폰서가 내 몫을 가져간다?

앞의 도표에서 스폰서(S)가 YOU의 보너스를 가져가는 게 아닌가 하고 의심할 수 있지만, 스폰서(S)를 지우고 계산해도 YOU가 받을 수입은 똑같다. 만일 스폰서(S)가 YOU의 수입을 가져간다고 생각하면, 스폰서(S)가 없으면 YOU의 수입이 늘어나야 정상이 아닌가. 그러나 스폰서(S)가 있든 없든 관계없이 YOU 그룹의 소비자 네트워크 점수는 36,000PV이고 A와 B의 점수를 빼면 YOU의 수입은 24,000PV가 된다. 스폰서(S)가 수십 명, 수백 명 상위에 있더라도 YOU의 수입은 YOU 이하가 노력한 점수에 의해 결정되므로 24,000PV 그대로다.

그럼 A와 B는 어떠한가? 그들이 구입한 상품은 집에서 쓰는 생필품이다. 어차피 사서 쓸 상품을 암웨이 쇼핑몰에서 싸게 구입해서 사용했으므로 오히려 경제적 이득으로, 모두가 이익이 되는 상생(Win-Win) 구조로 되어 있다.

우리는 먼저 시작한 사람이 나중에 시작한 사람보다 더 많은 보너스를 받을 것으로 짐작하지만, 암웨이의 보너스 배분 구조는 그렇지 않다. 나중에 시작하더라도 더 많은 노력을 하면 더 많은 수입을 받을 수 있도록 합리적으로 설계되어 있다. 이러한 점이 기존의 불법 피라미드 업체들과 다른 점이다.

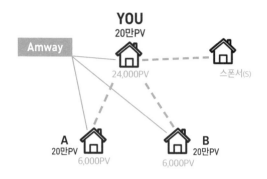

1차 보너스	
20만PV~	3%
60만PV~	6%
120만PV~	9%
240만PV~	12%
400만PV~	15%
680만PV~	18%
1,000만PV~	21%

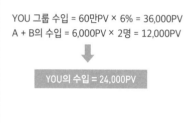

YOU 그룹 수입 = 60만PV × 6% = 36,000PV
A + B의 수입 = 6,000PV × 2명 = 12,000PV

YOU의 수입 = 24,000PV

원칙 2. 각자의 수입은 스폰서(S)와 무관(YOU로부터 시작)

무한 비즈니스로서의 확장 가능성 :
6-4-2 플랜

암웨이는 처음에는 혼자서 제품을 구매해서 쓰지만 제품이 좋고 서비스에 만족하면 주변에 알리는데, 이를 설명할 때 처음 6명에게 구전하고 그다음 6명이 각각 4명에게, 그리고 그 4명이 각각 2명에게 구전하는 방식으로 알리도록 권고하고 있다. 이를 6-4-2 플랜이라고 하며, 이를 자세히 설명하면 아래와 같다.

1단계 : 혼자 소비

앞에서 본 것처럼 24,000PV를 받자고 암웨이 사업을 시작하는 것은 아닐 것이다. 이 보너스 금액이 차차 어떻게 커지는지를 알아 보자.

처음 암웨이를 소개받고 나 혼자서 제품을 20만PV 사용했을 경우 3%인 6,000PV의 보너스가 발생한다.

2단계 : 6명에게 구전

이 플랜을 6명에게 권해서 그들도 YOU와 같은 소비자로 만들면 그룹 매출은 YOU의 소비분을 포함해 140만PV가 된다. 보너스 요율표에 의해 140만PV는 9%가 보너스로 배분되며(126,000PV), 6명은 각각 20만PV의 3%인 6,000PV씩 보너스가 배분되니 6명분을 제하고 나면 90,000PV가 남는다. 이것을 보너스로 환산하면 153,000원(90,000PV×1.7)이 YOU의 통장에 들어오게 된다.

암웨이 제품을 꾸준히 애용하면 이 수입이 매월 들어올 수 있다. 즉 153,000원이 매월 들어온다면 암웨이 제품을 매달 30만 원 이상 애용하는 소비자의 경우 반값에 사서 쓰는 효과를 보는 것이다.

1차 보너스	
20만PV~	3%
60만PV~	6%
120만PV~	9%
240만PV~	12%
400만PV~	15%
680만PV~	18%
1,000만PV~	21%

140만PV × 9% = 126,000PV
20만PV × 3% × 6명 = 36,000PV

YOU = 90,000PV
실제 = 153,000원 (90,000PV ×1.7)

⬇

매월 20만PV를 쓰는 6명 애용자 ➡
매월 153,000원 추가 소득

20만PV = 34만 원 소비 ➡
매월 153,000원의 캐시백을 받으면 YOU는 거의 반값에 제품을 구매하는 효과

3단계 : 6명이 각각 4명에게 구전

나중의 6명이 각각 4명에게 암웨이를 전달해서 그들이 회원가입을 하고 각 그룹별로 홈쇼핑을 100만PV씩 하면 그룹 매출은 자가 소비분을 포함해 620만PV가 되며, 보너스 요율은 15%가 적용된다. 그룹에 할당된 수익 93만PV에서 하위

1차 보너스	
20만PV~	3%
60만PV~	6%
120만PV~	9%
240만PV~	12%
400만PV~	15%
680만PV~	18%
1,000만PV~	21%

● **6명 ➡ 4명 애용자 20만PV씩**

620만PV × 15% = 93만PV
100만PV × 6% × 6그룹 = 36만PV
93만PV - 36만PV = 57만PV
YOU = 969,000원(57만PV × 1.7)

● **이때의 YOU는 BP**(Bronz Pin) **달성**

• BP의 자격 조건 : 브론즈 빌더(Bronz Builder, 이하 BB)
① 6% 이상 3레그 이상의 구조를 완성한 15% 이상 핀 달성자

약 4억 원의 자산 가치(연 3% 가정)

현금 4억 원 ➡ 매월 100만 원 이자 소득(연이자율 3% 기준)

그룹 노력분인 36만PV를 빼면 57만PV만큼의 현금이 YOU의 통장에 들어온다. 이를 보너스로 환산하면 969,000원(57만PV ×1.7)이다.

월 100만 원 이상이 매월 통장에 들어온다면 기분이 어떨까? 매월 나온다면 결코 적은 돈이 아니다. 이때 YOU가 한 일은 마트나 할인점에서 물건을 사서 쓰던 구매 습관을 암웨이 마트로 바꾸고, 그 정보를 주위 사람들에게 정확히 알려준 것이다. 그러면 암웨이 소비자 클럽에 보너스 기금이 쌓여 내 노력만큼의 보상이 주어지고 각각의 회원들에게도 노력만큼 수익이 각각 배분된다. 15% 애용자 네트워크를 만들면 월 100만 원 이상의 수입자가 될 수 있다. 지금 버는 돈에 매월 100만 원이 추가로 들어오면 가정경제에 큰 도움이 되는 건 당연하다.

4단계 : 6명이 각각 4명에게, 4명이 각각 2명에게 구전

한 단계 더 나아가서 그들이 각각 2명씩에게만 전달해 암웨이 고객으로 만들면 YOU를 포함한 소비자 그룹의 매출은 1,580만PV가 되며, 각기 하위 소비자 그룹은 260만PV씩 쓰는 여섯 그룹이 있으므로 같은 방법으로 계산하면 YOU의 보너스는 192만PV, 즉 326만 4,000원을 보너스로 받게 된다. 계산 근거는 다음과 같다.

★ Plan 6 - 4 - 2 : 1,000만 애용자 네트워크 ➡ 자산 소득자

260만PV

260만PV

YOU
20만PV

260만PV

260만PV

260만PV

260만PV

1. 생필품(반복 구매)
2. 신제품 수 증가
3. 회원 수 증가

1차 보너스	
20만PV~	3%
60만PV~	6%
120만PV~	9%
240만PV~	12%
400만PV~	15%
680만PV~	18%
1,000만PV~	21%
1,100만PV~	23%
1,500만PV~	24%
2,000만PV~	26%
2차 보너스, 여행 보너스 등 약 9%	
35%	

- **6명 ➡ 4명 ➡ 2명 애용자 각각 20만PV씩 소비**

  1,580만PV × 24% = 379만 2,000PV

  260만PV × 12% × 6명 = 187만 2,000PV

  379만 2,000PV - 187만 2,000PV = 192만PV

- **YOU = 326만 4,000원**(192만PV × 1.7)

  ⬇

  약 13억 원의 자산 가치

현금 13억 원 ➡ 매월 320만 원 이자 소득(연이자율 3% 기준)

6-4-2 플랜의 요약

위의 설명을 한 페이지로 정리하면 아래와 같다.

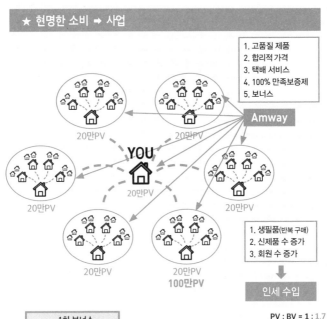

암웨이 보너스의 성격

이번 달에 300만 원 이상 보너스를 받았다면 다음 달에도 그 금액을 또 받을 수 있을까? 정답은 '받을 수도 있고, 못 받을 수도 있다'이다. 각 회원들이 매월 20만PV씩 의무적으로 구매해야 한다는 조건은 없지만, 매월 애용하는 고객이 꾸준히 늘어나면 매출이 안정적으로 발생한다. 여기에 제대로 된 네트워크를 만들면 보너스는 지속적으로 나올 가능성이 높다.

다행히도 암웨이 쇼핑몰은 다음과 같은 특성이 있기에 다음 달에도 보너스가 안정적으로 나올 가능성이 크다.

첫째, 주로 취급하는 제품이 생필품이다. 그래서 이번 달에 20만PV(34만 원)를 지출했다면 다음 달에도 재구매가 일어날 수 있다. 치약, 칫솔, 샴푸, 린스, 건강식품, 화장품 등의 생필품은 매일 사용하니까.

둘째, 회원 수가 꾸준히 증가한다. 제품이 좋다는 사실을 아는 왕애용자들은 구전을 하기 때문에 회원이 늘어나는 건 당연하다. 그럼 매출이 지속적으로 늘 것이다.

셋째, 신제품이 매월 또는 분기별로 꾸준히 들어온다. 그러면 회원들은 필요한 물건을 다른 마트에서 사지 않고 암웨이 쇼핑몰에서 살 가능성이 높다. 따라서 보너스는 한 번으로 끝나지 않고 인세 수입처럼 매월 꾸준히 나올 수 있는 것이다.

그러면 위의 300여만 원은 일회성이 아니라 매월 지속적으로 나오게 된다.

물론 암웨이 회원이 된다고 모두 이렇게 보너스를 받을 수 있는 것은 아니다. 네트워크를 만드는 방법과 노하우를 알아야 가능하다. 그 방법을 모르면 주변 사람들을 귀찮게 하거나 몇 사람에게 팔다가 그만두게 되는데, 그러면 암웨이 쇼핑몰을 통해 인세와 같은 수입을 얻을 수 없다.

그렇다면 몇 명한테 알리는 것이 가장 적합할까? 6명이다. '나'처럼 제품을 바꿔 쓸 줄 알고, 써보고 좋으면 좋다고 얘기할 수 있는 주위 친구 6명이면 된다. 그들이 '나'처럼 자신의 주위 사람들 몇몇에게 구전하고 또 구전하면 애용자 네트워크 자산이 만들어지는 것이다. 이는 내 경험으로 100% 자신 있게 말할 수 있다.

물론 정확히 정보를 전달하지 않고 제품을 여러 사람에게 팔아서 매출을 발생시킨 것이라면 인세 수입이 아닌 일시적인 판매 수입에 머물게 될 것이다. 그러나 소비자 스스로 자신에게 유리한 쇼핑 방법이 암웨이 쇼핑몰임을 깨닫고 암웨이 쇼핑몰 애용자가 된다면 일회성이 아니라 지속적인 단골이 되어 반복 구매할 것이고, 이는 인세 수입으로 연결될 것이다.

이처럼 일정한 노력의 대가가 지속적인 수입으로 연결되어 발생하는 수입을 인세 수입이라고 한다. 인세 수입은 유명한

가수나 베스트셀러 작가, 금융 자산가 등이 얻는 수입과 같은 것으로 일시적인 수입이 아니라 지속적으로 발생하는 매우 차원 높은 수입이다.

암웨이 사업을 하는 이유는 일시적인 판매 수입을 벌기 위해서가 아니다. 인세와 같은 수입을 얻기 위해서 하는 것이다. 인세 수입을 받으려면 애용자 네트워크를 잘 구축해야 하고, 그러려면 정보 전달을 잘할 수 있어야 한다.

암웨이는 겉으로는 물건을 파는 것처럼 보이지만 사실은 정보를 정확히 전달하고 가르치는 교육 사업이다. 파트너들도 '나'를 복제하듯 가르치면 네트워크가 눈덩이처럼 커진다. 그래서 암웨이는 인내심을 가지고 꾸준히 만나서 가르칠 줄 아는 사람들이 성공한다.

성취 등급과
성공의 단계

애용자 네트워크를 구축해 '나'를 중심으로 400만PV 이상이면서 6% 이상 레그가 3레그 이상이면 브론즈 핀을 인정해 준다. 이때 수입은 월 100만 원 정도 된다. 그러면 네트워크를 더 확장해서 월간 1,000만PV(1,700만 원) 네트워크가 만들어지는 때가 온다. 그런 사람을 실버 프로듀서(SP)라고 한다. 수입은 월 230만 원 내외의 보너스다. 물론 이는 네트워크의 모양에 따라 다를 수 있다. 1년에 6개월 정도 1,000만PV 네트워크를 만들면 플래티넘(PT)이 되고 월 280만 원 내외의 보너스를 받는다. 기존에 하던 일을 계속 하면서 부업으로 말이다. 단지 제품을 사는 습관을 마트에서 암웨이로 바꾸고, 제품에 대해 구전을 하면 그 노력을 인정받아 몇 십만 원 몇 백만 원의 보너스를 받을 수 있는데 안 할 이유가 없지 않을까? 280만 원 정도의 수입이 꾸준히 매월 들어온다면 부부의 노후 문제는 해결될 것이다.

또 12개월을 1,000만PV 이상 유지하는 안정된 네트워크를 구축하면 파운더스플래티넘(F.PT)이 되며 수입이 월 320만 원 안팎이 된다. 애용자 네트워크가 이처럼 점점 커지면 수입

★ 암웨이 성취 등급과 성공 단계

	1,000만PV (21%)	3회	6회	12회
	SP	GP	PT	F.PT
	월 200만~250만 원		월 250만~350만 원 인세, 상속, 여행	월 300만~500만 원 연말 보너스

PT(플래티넘)

EM(에메랄드)
연봉 6,000만~1억 원

DIA(다이아몬드)
연봉 1.2억~2억 원

에메랄드	3PT
다이아몬드	6PT
수석다이아몬드	6F.PT
더블다이아몬드	8F.PT
트리플다이아몬드	10F.PT
크라운	12F.PT
크라운앰버서더	14F.PT

도 그에 비례해 커지는 것을 알 수 있다.

앞 페이지의 도표처럼 플래티넘이 되면 월 280만 원 내외의 보너스를 받는 사업자가 되는데, 이 정도 되면 네트워크가 안정되어 인세와 같은 수입이 나오고 노후 문제가 어느 정도 해결된다. 그리고 좀 더 노력해서 3그룹을 플래티넘 이상 되도록 성공시키면 에메랄드, 6그룹을 성공시키면 다이아몬드가 된다. 수입은 도표에서와 같이 받게 되고, 여행 보너스도 주어진다. 다이아몬드가 되어 연 1.2억~2억 원 이상을 보너스로 받고 부부 동반 해외여행을 1년에 3~4회 정도 비즈니스 클래스로 다닌다면 꽤 괜찮은 노후이지 않은가. 그래서 암웨이 사업을 하는 분들은 에메랄드 이상인 다이아몬드를 꿈꾼다. 물론 그 이상 단계도 있고 성공에 제한이 없지만 말이다. 실제로 우리나라에도 다이아몬드 이상이 수백 조가 있고 매해 그 수가 늘고 있다.

86쪽의 도표에서는 스폰서(S)와 YOU, A와 B가 있지만 YOU가 스폰서(S)보다 나중에 사업을 시작했어도 네트워크가 더 크면 당연히 스폰서(S)보다 YOU의 수입이 훨씬 커지는 구조임을 알 수 있다. 그래서 암웨이는 선착순이 아니고 노력 순이며, 이는 아주 합리적으로 설계되어 있다. 게다가 플래티넘 이상의 네트워크가 안정적인 사람은 자식에게 상속이 가능하며, 실제 수혜를 받는 사람들이 늘어나고 있다.

남을 도우면 더 커지는 사업

한 회계연도 내에 6개월 이상 1,000만PV 이상의 독립된 그룹 3계열을 직접, 대리 또는 국제적으로 후원하면 에메랄드가 된다. 즉 3명의 친구를 도와 플래티넘 정도의 안정적인 수입자가 되도록 도와주면 에메랄드 자격을 성취한다. 독립된 그룹 6계열을 후원하면 다이아몬드가 되고, 그 이상 네트워크를 구축하면 수석다이아몬드에서 크라운앰버서더 핀을 성취할 수 있다.

■ **여행 보너스**

점수에 따라 여행 보너스도 주어지는데 파운더스플래티넘이 되고 일정 점수 이상이 되면 해외여행 1회, 다이아몬드부터는 연 2~3회 정도의 여행 기회가 주어진다. 에메랄드 이하는 이코노미 클래스, 다이아몬드는 비즈니스 클래스, 수석다이아몬드 이상은 퍼스트 클래스로 매해 세계여행을 할 수 있는 자격이 주어진다. 부부 동반이 원칙이지만 회계연도에 따라 가족 동반 여행도 가능하며, 회당 보통 4박 6일 정도의 기간 동안 최고 수준의 여행을 할 수 있다.

이 사업을 통해 애용자 네트워크가 많아져 안정적인 다이아몬드 이상이 되면 연 1.2억~2억 원의 인세 수입과 여행 혜

핀	여행 횟수	여행 특전
파운더스플래티넘(F.PT) 이상 ~ 에메랄드	해외여행 1회	이코노미 클래스
다이아몬드 이상	해외여행 2~3회	비즈니스 클래스
수석다이아몬드 이상	해외여행 2~3회 이상	퍼스트 클래스

택을 받을 수 있으니 품격 있는 삶을 살게 된다. 그러니 다이아몬드를 목표로 이 사업을 하는 경우가 많다.

물론 누구나 성공하는 것은 아니지만, 정보를 전달하는 방법을 제대로 숙지하고 시스템 내에서 사업을 열정적으로 하면 2~5년 정도면 다이아몬드가 될 수 있다. 보통은 파트타임으로 이 사업을 진행하고 있다는 것을 감안하면 많은 보상과 대우를 받을 수 있는 플랜이다. 이렇게 일정 핀 이상으로 성공하면 시간과 재정으로부터 자유를 누릴 수 있다.

인세와 같은 수입, 상속, 여행과 보상, 좋은 친구들, 자기계발 등 이 사업을 통해 얻을 수 있는 혜택은 참 많다. 다이아몬드 이상이 되면 인생이 훨씬 풍요로워지고, 1년에 2~3회 해외여행을 다니는 특혜를 누리면서 적어도 먹고 사는 문제는 걱정하지 않게 된다.

■ 그 외의 특별 보너스

암웨이 마케팅 플랜에 명시된 각종 장려금과는 별도로 매해 에메랄드 이상에 대한 노고를 보상하는 핀별 보너스도 있고, 연말 배당금 형태로 지급하는 보너스도 있다.

창업자 성취상(FAA : Founders Achievement Award)은 다이아몬드 이상의 실적을 거두고 암웨이의 윤리 강령 및 행동 지침을 엄격히 준수하고 윤리적이고 공정한 사업을 펼친 회원을 위해 암웨이 창업자인 리치 디보스, 제이 밴 앤델 명의로 주는 특별 보상금이다.

이 밖에 수석다이아몬드 이상의 자격을 신규 달성하고 다음 회계연도에 연속 달성하면 지급하는 연속 달성 보너스 등도 있다.

암웨이 사업의
특징과 혜택

　세계적인 경제 불황과 인공지능의 발달로 직업에 대한 불안정성이 점점 증가하고 있다. 그럴수록 많은 직장인이 부업에 눈을 돌리거나 노후를 보장해줄 안정적인 수입원을 찾는데, 그 대안으로 암웨이 사업에 관심을 가질 가능성이 높으므로 사업 전망 또한 밝은 편이다.

　여타 사업과는 달리 암웨이 사업의 경우 자신의 노력으로 구축된 네트워크는 자산이다. 그래서 2세를 비롯한 상속자에게 고스란히 상속할 수 있다. 내가 다이아몬드면 2세들은 다이아몬드부터 사업을 전개해가면 된다.

　실제로 한국에서 암웨이가 시작된 지 30여 년이 훌쩍 지난 지금, 2세 사업가들이 많이 활약하고 있다. 당연히 나의 자녀들도 2세 사업가로 활동하고 있다.

암웨이는 또 전 세계 100여 개 지역 및 국가에 진출해 있으므로 회원들의 인맥을 통해 쉽게 국제 사업을 할 수 있다. 에메랄드 정도만 되어도 네트워크가 자기도 모르게 해외로 뻗어 있는 경우도 종종 생긴다. 초연결 시대가 본격화되면서 국제 사업의 기회도 훨씬 늘어나고 있다. 내가 후원한 그룹 밑의 가지에서 그 사람의 친인척이나 친구가 외국에 나가 살 경우 자연스럽게 전달되어 그곳에서 사업이 커질 수 있기 때문이다. 그렇게 되면 외국으로부터 달러 수입이 들어와 국제적인 후원 제도를 활용해 국제 사업을 쉽게 전개할 수 있다.

애용자 네트워크는 네트워크를 만든 사람의 것이다. 이러한 최첨단 유통 방식을 활용해 큰 사업의 기회를 찾는 것은 꿈이 있는 사람들의 몫이다. 젊고 야망 있는 사람은 한국 시장만 보지 말고 국제적으로 사업을 펼쳐라. SNS의 발달로 비즈니스 미팅도 온라인을 통해 시공간을 초월해서 진행할 수 있으니 국제 사업이 훨씬 수월해졌다. 가수 싸이나 영화 〈기생충〉이 언어의 장벽을 뛰어넘어 전 세계적으로 확산된 것처럼 여러분의 네트워크도 확산될 수 있다.

제5장

제조 회사인가?
플랫폼 기업인가?

글로벌
암웨이

마케팅의 그루인 코틀러 박사는 "위대한 기업은 상품을 판매하지 않는다"라고 했다. 위대한 기업은 믿음을 주고 충성스런 고객들을 만들어내는 데 탁월하다. 요즘 잘나가는 유튜브, 아마존 같은 위대한 기업들은 회원들이 자발적으로 그들만의 네트워크를 만들 수 있도록 장려하는 정책을 펴서 회원 수를 지속적으로 확장해가고 있다. 암웨이도 650여 가지 생필품을 직접 제조하는 회사이지만 제품을 총판이나 도매점, 할인점 등에서 팔지 않고 충성스런 회원들의 구전을 통해서만 유통시킨다. 자세히 말하면, 암웨이 쇼핑몰을 통해서 암웨이 회원들만 물건을 구매하고 제품을 유통시킬 수 있는 권한을 부여한다. 암웨이 회원이 아니면 제품을 구매할 수도 유통시킬 수도 없다.

또한 암웨이 회원들은 암웨이 쇼핑몰에 각자의 연고에 의한 회원 네트워크를 연결시켜 애용자가 되게 한다. 그러면 암웨이는 각자의 인맥 네트워크에서 발생한 매출에 대해 최대 35%를 현금으로 보상해주는데, 각자의 노력 정도에 따라 합리적으로 보상해주므로 누구나 자기 쇼핑몰처럼 생각하며 네트워크를 확장시켜나간다.

암웨이는 이렇듯 플랫폼을 만들어 누구나 자신만의 쇼핑몰을 구축할 수 있도록 돕는다.

암웨이의 판매 방식을 모방하는 대부분의 회사들은 주문자생산 방식으로 상품을 받아서 유통시키는 중간유통 회사이지만, 암웨이는 세계 최고 품질의 제품을 직접 생산하는 제조 기업이기에 회원들에게 더 많은 혜택과 보상을 해줄 수 있다. 이처럼 암웨이는 차별화된 제품을 근간으로 구축된 충성스런 회원 네트워크에 자기 쇼핑몰처럼 운영할 수 있는 기능을 얹어 다른 회사들이 쉽게 흉내 낼 수 없는 독자적인 사업 모델을 가지고 있다.

암웨이의 역사

　세계 1위 직접판매 기업인 암웨이는 1959년 미국에서 두 명의 젊은 기업가 리치 디보스와 제이 밴 앤델에 의해서 시작되었다. 리치 디보스와 제이 밴 앤델의 우정은, 리치가 제이에게 학교에 태워다주면 주당 25센트를 내겠다는 사업 제안을 하면서 시작되었다. 고등학교 졸업 후 군 복무를 마친 두 사람은 함께 사업 계획을 세웠고, 그들의 우정이 사업 관계로 이어지면서 오늘날의 암웨이가 된 것이다.

　1940년대의 울버린 항공서비스 시절에도 리치와 제이는 파트너였고, 서부 미시건 지역 최초의 드라이브 인 레스토랑을 함께 운영했으며, 보트를 구입해서 남미로 항해 모험을 다녀오기도 했다. 1949년 '제이리 코퍼레이션(Ja-Ri corporation)'을 설립한 리치와 제이는 퍼스널 셀링이라는 독특한 판매 방식으로 뉴트리라이트 제품을 공급하기 시작했으며, 이 경험을 바탕으로 1959년에 '자유, 가족, 희망, 보상'을 기업 이념으로 한 암웨이 회사를 창립했다.

　이들의 꿈에 날개를 달아준 첫 번째 제품은 최초로 생분해되는 친환경 농축 액체 세정제(L.O.C.)다. 이후 암웨이는 가정용 제품에서부터 건강기능식품, 화장품, 정수기, 공기청정기, 주방 기기 등 450개 제품을 직접 생산하며 글로벌 리더 기업으로 지속적으로 성장했다.

1962년에는 캐나다에 첫 해외지사가 만들어졌다. 1970년
대에는 뉴트리라이트를 인수하고 미국 연방거래위원회로부터
합법 판결을 받으면서 해외지사가 8개국으로 확장되었다.
1980년대에는 화장품 공장과 정수기 라인이 신설되었고, 해
외지사가 20여 개국으로 확산되었으며, 1990년대에는 2세 창
업자들이 경영을 전담하면서 중국과 아프리카 등 33여 개국
으로 진출했다. 1990년대 말에는 인터넷 쇼핑몰(amway.com)
을 선보이면서 오프라인상의 다단계판매 방식이 아닌 온라인

암웨이 본사 전경. 미국 미시건주 에이다 소재

상의 직접판매 방식으로 전환했다.

이러한 성장에 힘입어 암웨이는 D&B사(Dun&Bradstreet. 무디스의 모회사)로부터 십수년 이상 5A1의 최고 신용등급을 평가받을 만큼 초우량 기업이 되었다. 5A1은 60단계 중 1단계 등급으로 제너럴일렉트릭, 코카콜라, 월마트, 마이크로소프트 등 소수의 초일류 회사들이 받는 최고의 신용등급을 계속 유지하고 있다.

암웨이 본사는 미국 미시건주 에이다에 위치하고 있으며, 100만 평방피트에 달하는 지역에 펼쳐져 있다. 모든 사람에게 보다 윤택한 삶을 위한 기회를 제공한다는 글로벌 기업의 비전에 따라 암웨이는 건강, 교육, 환경, 예술, 문화 등에 초점을 맞춰 전 세계 사업자들을 적극적으로 지원하고 있다.

최근에는 세계 최고의 생필품 직접판매 회사를 넘어, 자사 최고의 브랜드인 뉴트리라이트를 기반으로 구축된 방대한 건강 데이터베이스를 토대로 세계 최고의 헬스케어 플랫폼 기업으로 변신을 꾀하고 있다.

글로벌 암웨이의
비전과 창업 이념

창업자 중 한 사람인 리치 디보스는 암웨이의 근본 원리를 다음과 같이 말했다.

"우리의 사업을 우리가 소유하고 경영하며, 우리가 행한 업적만큼 보상받는 것은 당연한 일입니다. 이러한 자유 기업의 원리야말로 암웨이가 시작된 기본 원리입니다."

결국 암웨이 사업을 한다는 것은 자신의 기업을 운영하는 것과 같으며, 노력한 만큼 틀림없는 보상이 주어지기 때문에 최선을 다하게 된다. 이것이 암웨이 성장의 원동력이다.

글로벌 암웨이의 기업 비전

암웨이는 기업 비전이 '자기 사업을 통해 성공을 꿈꾸는 모든 사람에게 세계에서 가장 훌륭한 사업 기회를 제공하는 것'인 독특한 회사다. 인종, 종교, 사회적 지위 고하를 막론하고 누구든지 회원가입을 해 제품을 30% 할인된 가격으로 사서 쓸 수 있으며, 원하면 언제든지 사업을 시작할 수 있다.

예전에는 회원들을 통해야 제품을 구입하거나 배달받을 수 있었지만, 2000년 이후로는 암웨이 쇼핑몰을 통해 편하게 제품을 구입할 수 있게 되었다. 다른 나라와 달리 우리나라는 암웨이 쇼핑몰 이용 시 회원가입비가 없어 언제든지 부담 없이 쇼핑할 수 있으며, 암웨이 쇼핑몰을 사업 도구로 활용할 수도 있다. 또 얼마 이상 구입해야 회원 자격을 유지한다는 규정도 없다. 따라서 암웨이는 자본금 없이 시작할 수 있고, 언제든지 그만둘 수 있으며, 자본금이 들어가지 않으니 망할 염려도 없다.

암웨이의 창업자인 리치 디보스와 제이 밴 앤델은 '자유, 가족, 희망, 보상'이라는 4가지 이념이 모든 사업의 기초가 된다고 믿었다. 이런 창업 이념은 오늘날까지 계속 이어지고 있으며, 창업 이념을 바탕으로 많은 사람이 보다 나은 삶을 살아가도록 도와주는 것이 암웨이 회사의 비전이다.

모든 사람에게 더 나은 삶의 기회를 제공한다.

Helping People Live Better Lives.

글로벌 암웨이의 창업 이념

암웨이의 창업 이념은 창립자인 리치 디보스와 제이 밴 앤델이 암웨이를 시작하게 된 동기로 '자유, 가족, 희망, 보상'을 근간으로 한다. 창업 이념은 시간이 지나도 변치 않는 암웨이의 원칙이다.

■ 자유

경제 여건과 개인의 경제생활은 밀접한 관련이 있다. 암웨이를 통해 자신의 사업을 함으로써 삶을 변화시킬 수 있다.

■ 가족

 사람은 누구나 서로 의지할 수 있는 가족을 필요로 한다. 암웨이 사업에 참여함으로써 가족과 서로 존중하고 응원해주는 든든한 버팀목을 얻을 수 있다.

■ 희망

 암웨이는 더 큰 꿈을 가질 수 있게 한다. 여러분이 희망을 가지고 꿈을 이룰 수 있는 환경을 만들어준다.

■ 보상

 행복의 중요한 요소 중 하나는 성공이다. 암웨이는 본인의 성공뿐만 아니라 다른 사람들의 성공을 돕는 모든 활동의 결과에 따라 충분한 보상을 제공한다.

글로벌 암웨이의
생산 제품군들

　암웨이의 제품이 1959년 이후로 세계적인 사랑을 받아온 이유는 우수한 품질 덕분이다. 그럴수밖에 없는 것이 1,000명이 넘는 과학자, 엔지니어, 기술 전문가들이 저명한 교수들로 구성된 과학 자문위원회와 긴밀히 협업하며 암웨이 비즈니스 파트너 회사와 고객의 요구에 맞는 제품의 연구 개발에 힘쓰고 있기 때문이다.

　암웨이의 주력 생산품은 건강기능식품(뉴트리라이트), 화장품(아티스트리), 정수기(이스프링), 공기청정기(엣모스피어 스카이), 가정용품, 세제, 기호식품 등 건강, 미용, 환경 관련 제품들이다. 건강, 미용, 환경은 21세기에 각광받는 제품군이기도 하다. 이들 상품 및 서비스는 국가별, 지역 환경별, 체질별, 수질별로 각기 다르게 제조되어 암웨이 쇼핑몰을 통해 유통되고 있다.

건강기능식품 (브랜드명 : 뉴트리라이트)

1920년대 초반 중국에서 제조 업체를 경영했던 칼 렌보그는 주변 사람들을 관찰하며 영양이 부족한 식사가 건강에 미치는 영향에 대해 연구했다. 식물의 중요성을 깨달은 칼 렌보그는 7년간 여러 종류의 식물 원료로부터 영양소를 추출해 농축시키는 방법을 연구했고, 그 결과 영양소가 풍부한 원료 식물로 알팔파, 물냉이, 파슬리를 선택하게 되었다.

이렇게 선택된 식물 원료를 이용해 처음으로 멀티비타민·미네랄 보급 식품을 만들었고, 1934년에는 이 제품을 기초로 뉴트리라이트 사를 설립했다. 현재 뉴트리라이트는 90년 이상 꾸준히 사랑받아온 건강기능식품과 비타민 판매 세계 1위 브랜드가 되었다.

뉴트리라이트는 본사인 미국 부에나파크 외에 4곳(미국 트라우트레이크, 멕시코 엘 파타칼, 브라질 우바자라, 중국의 우시 보태

뉴트리라이트 농장. https://www.amway.co.kr/about-amway/nutrilite/farms

니켈)에 농장을 소유하고 있으며, 이곳에서 뉴트리라이트 건강기능식품의 주요 원료가 되는 식물들을 직접 유기농법으로 경작하고 있다. 건강기능식품의 효과는 식물 원료가 좌우하기 때문이다.

뉴트리라이트 농경 기법은 크게 2가지 개념으로 나뉜다. 하나는 건강하고 비옥한 토양을 만드는 것이고, 다른 하나는 영양소를 풍부히 함유한 건강한 식물을 키워내는 것이다.

뉴트리라이트는 건강하고 비옥한 토양을 유지하기 위해 제초제나 화학비료를 사용하지 않는다. 잡초가 많이 자란 땅에 양들을 풀어놓아 잡초를 뜯어먹게 하고, 화학비료 대신 과학적으로 균형 잡힌 퇴비를 사용한다. 또한 토지의 영양과 토양

보호를 위해 윤작을 하고, 지렁이와 무당벌레 등을 농장에 풀어놓는 등 인위적인 방법이 아닌 자연적인 생태 농법을 통해 토양을 관리하고 있다. 농장에는 해충 대피소가 군데군데 있을 정도로 해충조차 잡지 않고 자연과 공존하는 생태계 존중 농법도 실천하고 있다.

각종 농약과 살충제로 해충을 죽이지 못해 난리를 떠는 여타 농장들과는 완전히 차별화되는 이러한 농법에서 '식물이나 벌레에게도 해가 되면 사람에게도 해가 된다'는 창업주의 친자연 정신이 엿보인다.

뉴트리라이트는 이렇게 제품의 연구 기획부터 공정 개발, 원료 추출, 완제품 생산, 유통, 소비자에 대한 교육까지 통틀어 맡고 있는 것으로 유명하다.

이렇게 엄선해서 만든 건강기능식품은 암웨이 매출액에서 제일 높은 비중을 차지한다. 대표 제품으로는 90여 년 역사를 가지고 있는 종합비타민·무기질인 '더블엑스'와 '아세로라C', '칼맥디', '오메가3' 등이 있다.

최근에는 마이크로바이옴 기반의 솔루션을 선보이고 있다. 개인의 분변 정보를 채집, 분석한 건강 데이터베이스를 구축하면서 쌓아온 노하우를 바탕으로 개인 맞춤형 유산균을 제공하는 '마이랩', '그로잉랩' 등이 그것이다. 이는 최첨단 바이오 기술이 접목되어 출시된 솔루션이고 세계 최초로 상품화한 것이기에 의미가 크다고 할 수 있다.

마이크로바이옴은 미생물을 뜻하는 microbe와 생태계를 뜻하는 biome을 합친 용어로, 현대의학의 패러다임을 바꿀 열쇠로 불린다. 즉 마이크로바이옴의 비밀을 풀어내는 기업이 향후 건강과 바이오 의약 시장의 최강자가 될 것이기 때문에 이의 선점이 매우 중요한 의미를 지닌다고 할 수 있다.

화장품(브랜드명 : 아티스트리)

1958년, 뉴트리라이트의 창시자 칼 렌보그의 부인이자 사업 동반자였던 에디스 렌보그 여사는 식물영양소의 건강함을 피부에 전할 생각을 하면서 아티스트리를 만들었다. 아티스트리는 '자연과 과학의 이상적인 조화를 통해 건강한 아름다움을 세계에 전한다'는 모토로 출발했으며, 대부분의 화장품을 원료 수급에서부터 가공, 생산, 포장, 유통, 교육에 이르기까지 직접 첨단 연구 장비와 설비로 생산하는데 이는 세계적으로도 드문 일이다. 왜냐하면 세계 유수 화장품 업체들 대부분이 직접 생산하지 않고 외주 생산을 하기 때문이다.

아티스트리는 전 세계적으로 가장 많이 판매되는 클리닉,

랑콤, 에스티 로더, 샤넬 등과 어깨를 나란히 하고 있다. 광고가 유난히 많은 화장품 업계에서 광고와 대리점 없이 구전만으로 이처럼 인기를 얻을 수 있었던 이유는 제품의 품질과 가격 때문이다. 아티스트리는 뉴트리라이트 농장에서 직접 재배한 식물 원료를 상당 부분 화장품 원료로 채택하고 동물실험을 하지 않는 등 안전한 식물 원료를 베이스로 한 순식물성 화장품을 지향한다.

이러한 자신감을 바탕으로 아티스트리 화장품은 샘플이 없는 것으로 유명하다. 써보고 마음에 들지 않으면 100% 환불을 해주며, 가격은 유명 화장품의 3분의 1에서 2분의 1 수준이어서 특히 품질을 꼼꼼히 따지는 실용적인 여성들에게 인기가 많다.

화장품은 유아, 어린이, 중장년 여성, 남성은 물론 노년층까지 만족시키는 화장품 라인을 모두 가지고 있다. 화장품 대부분이 비건이나 유기농 화장품이다. 그 외에 피부 재생 의학 기술을 화장품에 접목시켜 각질 제거, 피부 재생 등을 병원에서 시술하지 않아도 시술 효과가 있는 홈더마솔루션 제품 라인도 갖추고 있을 정도로 암웨이는 글로벌 화장품 제조 기업으로서 명성을 이어가고 있다.

가정용품

가정용품으로는 정수기(이스프링), 공기청정기(엣모스피어 스카이&블루), 영양 냄비(암웨이 퀸), 실내자전거(25센트 라이드), 두피 레이저(뉴트리션 레이저 L400), 발마사지기(리플렉서 1699) 등이 있다. 모두 암웨이의 탁월한 기술력을 보여주며 우수한 품질을 인정받고 있다.

암웨이의 정수기는 전 세계 시장점유율 1위를 기록할 정도로 품질과 서비스를 인정받고

있다. '깨끗한 물과 영양이 살아 있는 물', '중금속과 유해 화학 물질로부터 안전한 물'을 지향하는 암웨이의 정수기는 사용량에 따라 센서가 필터 교환 시기를 모니터해주며, 소비자 스스로 필터를 손쉽게 교체할 수 있도록 설계된 점이 큰 장점이다.

미세먼지 등 공기 오염이 심해지면서 많은 사람의 사랑을 받고 있는 암웨이의 공기청정

기는 저소음에 탁월한 공기 청정 능력까지 자랑할 정도로 품질이 뛰어나다. 청정기의 핵심은 필터인데, 먼지를 제거해주

는 집진 필터와 냄새나 화학물질을 걸러주는 탈취 필터는 단연코 세계 최고 수준이다. 이를 객관적으로 평가해주는 세계적인 인증기관인 영국 알러지 재단과 유럽 알레르기 연구 재단의 까다로운 인증 항목 기준을 모두 통과한 세계 유일의 공기청정기라고 할 수 있다.

크기와 무게를 반으로 줄이고 소음도 반으로 줄인 '엣모스피어 블루'도 영국 알레르기 재단의 인증을 받아 작은 공간이나 핵가족용으로 시판되고 있다.

영양 냄비 '암웨이 퀸'은 수분을 적게 쓰고도 요리가 되어 영양 손실을 최소화하며, 열전

AMWAY QUEEN™

도율이 뛰어나 최소한의 연료로도 요리가 가능하다. 원재료의 맛과 영양까지 살아 있는 요리를 혼자서도 쉽게 할 수 있도록 인체에 안전한 최고급 스테인리스로 만들어졌다.

세부 제품으로는 대형·중형 프라이팬, 대형·중형 소스팬, 웍, 스튜포트, 인덕션레인지, 아이쿡 나이프웨어(나이프 세트, 산도쿠 나이프, 페티 나이프, 다용도 가위) 등이 있다. 쉽고 빠른 요리가 가능한 '암웨이 퀸'은 주부들의 요리 부담을 덜어주고, 냄비 하나로 빵·케이크·과자·떡 등 모든 요리를 할 수 있어 인기가 많다.

‘25센트 라이드’는 메타버스에서 만나 함께 달릴 수 있는 실내자전거로, 혼자 하지 않고 함께 라이딩을 즐길 수 있어 좋다. 게임처럼 즐기는 레이싱 모드가 제공되는 메타버스 라이딩 앱도 제공된다. 전국 230여 명의 웰니스 코치가 함께 레이싱, 인터벌 사이클링, 온라인 스피닝 클래스, 브레인 스피닝 등 다양한 프로그램을 제공해 즐겁게 운동할 수 있다.

‘뉴트리션 레이저 L400’은 머리를 감고 말린 후 머리에 쓰는 투구로, 두피의 혈액 순환을 좋게 해 탈모 예방 및 두피와 모발 건강을 증진하는 헤어 용품이다. 정교하게 박혀 있는 400개의 LED는 각기 다른 종류의 파장을 내보냄으로써 두피의 깊은 곳부터 얕은 부위까지 열감이 들어갈 수 있게 한다. 두피의 열감을 식혀주는 쿨링 시스템이 장착되어 있어 더운 여름에도 시원하게 사용할 수 있다.

‘리플렉서 1699’는 컴퓨터 칩이 다량 들어간 스마트한 발마사지다. 발은 인체를 지탱해주기에 매우 중요한 신체 기관이다. 16개의 에어 셀이 발을 잡아주는 역할을 하고, 6개의 롤러는 99개의 돌기와 연결되어 있어서 발의 아치를 구석구석 마사지하고, 75개의 다양한 패턴은 발등은 물론 발뒤꿈치까지 꼼꼼히 자극해준다. 이 발마사지기는 사람이 직접 발마사지해주는 것처럼 섬세하고 시원하기에 발마사지가 절실했던 분들에게 추천해주고 싶은 기구다.

퍼스널 케어 제품

퍼스널 케어 제품에는 구강용품(글리스터), 보디 케어 제품(지앤에이치), 헤어 케어 제품(새티니크), 유기농 화장품(베르가닉)이 있다.

구강용품 브랜드인 '글리스터'는 치약, 칫솔, 마우스 스프레이 등을 포함하는데 충치 예방과 플라크 제거, 구취 예방에 탁월하다. 치약에 들어가는 연마제나 계면활성제는 인체에 안전한 자연 원료로 만든 것이어서 사용 후에 건강한 개운함을 느낄 수 있다. 최근에는 구강 바이옴(유산균) 환경을 고려한 치약을 선보일 정도로 앞선 기술을 자랑한다.

칫솔은 풍치를 유발하지 않게 끝이 부드러운 칫솔모를 쓰며, 칫솔 본체가 인체공학적으로 만들어져 구강 안쪽까지 닦을 수 있다. 또한 잇몸에 충격을 주지 않게 설계되어 양치질을 하다가 피가 나거나 다치는 일이 없다. 구강 청결은 물론 구강 건강까지 고려한 친건강 제품이라 풍치나 잇몸 질환, 구강 질환 등을 예방할 수 있다.

보디 케어 제품 브랜드인 '지앤에이치'는 식물 원료의 배합으로 몸에 안전하며, 물을

오염시키지 않도록 설계되었다. 보디샴푸, 보디로션, 비누 등의 제품은 또한 피부의 마이크로바이옴 환경을 고려한 식물 영양을 담아 촉촉한 세정감과 보습감을 준다.

헤어 케어 제품 브랜드인 '새티니크'는 샴푸와 린스, 기타 헤어 용품을 포함하며, 머릿

결이나 염색 머리, 탈모 등 기능별 헤어 용품을 다양하게 선보이고 있다. 아울러 비누 거품이 한두 번의 헹굼으로도 쉽게 씻겨내려가고, 두피에 유익한 물질은 남기고 노폐물만 제거하는 기술이 적용되어 사용 후에 청량감을 준다.

그 외 두피를 위해 먹고 쓰고 바르는 제품 라인이 있으며, 두피와 모발을 강화하는 뉴트리션 레이저 L400(127쪽 참조), 전자 빗처럼 생긴 트리플렉스, 세럼 등이 있다.

프리미엄 세제(브랜드명 : 암웨이 홈)

프리미엄 세제 브랜드인 '암 웨이 홈'이 50년 이상의 독자적 인 기술로 개발한 '바이오퀘스  트 포뮬러'는 피부를 민감하게 자극할 수 있는 잔여물은 남기 지 않고 더 깔끔한 옷, 더 깨끗한 접시, 더 빛나는 바닥을 만들 어주는 강력한 세척 기술이 함축된 제품이다.

세제는 대부분 고농축 제품으로, 용기에 덜어서 작게는 1:1 에서 100:1까지 물에 희석해서 쓰도록 되어 있다. 고농축 세 제를 만들려면 고도의 기술력이 필요한데, 세제 용기 사용량 과 창고 운반비 등을 대폭 줄일 수 있어 친환경적이고 원가를 대폭 낮추었다는 장점이 있다.

암웨이 홈이 제조하는 모든 세제가 물에 잘 용해되는 생분 해성이며, 인산염을 쓰지 않고도 표백 효과가 뛰어나 친환경 세제로 많이 알려져 있다. 이러한 노력의 일환으로 인체와 환 경에 안전한 세제라고 미국 환경보호국에서 인증을 받았다.

세탁용 제품(SA8), 표면 세정용 제품(LOC), 주방 세정용 제 품(디쉬드랍스)이 있다.

원포원 제품

원포원(One-for-One) 전략
으로 암웨이 쇼핑몰에 들어온
원포원 제품은 한국 시장에만

들어와 있는 특화된 제품들로 구성되어 있다.

원포원 전략이란 암웨이 제품 1개를 국내에 들여오면 한국
제품 1개를 취급해 국내 산업 발전에 일익을 담당하겠다는 현
지화 전략이다. 이는 1997년 말 IMF 구제금융 시기에 어려움
을 겪고 있는 국내 기업들을 살려보자는 취지에서 기획되었
다. 협력사는 암웨이의 까다로운 품질 기준을 맞추기 위해 노
력하고, 한국암웨이는 우수 마케팅 노하우 및 유통망을 제공
해 협력사의 성장을 지원하면서 상생을 실현하고 있다.

1998년 4월부터 시작한 원포원 전략은 시장 상황과 맞아떨
어지면서 급성장했다. 판로가 없는 우수한 중소기업의 제품
을 암웨이 네트워크를 통해 유통시킨 결과 원포원 전략이 도
입된 지 수년 만에 암웨이 총매출의 20% 내외를 기록할 정도
로 반응이 좋았다. 최근에는 쿠쿠, 팔도, 농심켈로그, 종가집
김치, 유한킴벌리 등의 국내 유수 제품들이 위탁 판매되고
있다.

한국암웨이는 우수 중소기업에 고객 정보와 시장 진입 전

략, 마케팅 등을 지원하고 차별화한 제품을 함께 만들어 해외에 소개하는 다양한 프로그램을 운영하고 있다. 이는 중소기업의 품질 수준을 한 차원 끌어올리는 것은 물론 사업 확장에 도움을 주고 있으며, 국내 산업 발전에도 크게 기여하고 있다.

원포원 제품으로는 간장, 고추장, 된장, 식용유, 참기름, 들기름, 올리브유, 김, 미역, 김치, 라면, 커피, 분유, 생리대, 화장지, 음료수, 소금, 즉석 국, 인삼, 미용티슈, 물수건 등 다양하다. 국산 제품 중에서 품질이 뛰어난 제품들만 엄선해서 들어오기에 안심하고 구매할 수 있다.

한국암웨이와 중소기업과의 상생 프로젝트

1991년 5월에 출범한 한국암웨이는 충북 음성에 초현대식 물류센터를 설립해 제품을 유통하고 있으며, 전국에 14개 이상의 암웨이 비즈니스 센터와 브랜드 센터를 가지고 있다. 가까운 센터에서 브랜드 체험과 쇼핑, 다양한 교육 및 상담을 경험해볼 수 있다.

현재 한국암웨이는 독자적으로 원포원 전략과 글로벌 오픈 이노베이션 상생 프로그램을 운영하고 있다.

이 중에서 원포원 전략은, 앞에서도 설명했듯, 외국산 제품에 대한 국내의 배타적인 시선을 극복하기 위해 국내 중소기

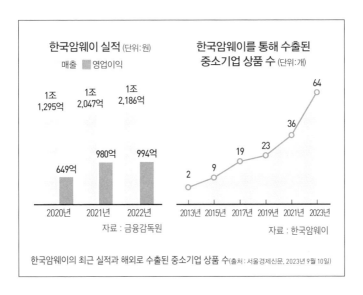

한국암웨이의 최근 실적과 해외로 수출된 중소기업 상품 수 (출처 : 서울경제신문, 2023년 9월 10일)

업들과의 상생을 위한 프로젝트로, 글로벌 암웨이에서도 성
공 사례로 꼽히고 있다. IMF 경제위기 상황을 극복하기 위해
1998년부터 시행된 것으로 꽤 오랜 역사를 가지고 있다.

글로벌 오픈 이노베이션은 국내 기업을 해외 본사와 해외
지사 100여 개 글로벌 네트워크에 연결해주는 프로젝트다. 이
를 통해 최근 10년간 국내 중소기업 21곳이 16개국에 진출하
게 되었고, 누적 수출액은 7,800억 원에 달할 정도다.

이런 노력의 일환으로 2021년 한국암웨이의 총매출액은
1조 2,047억 원으로 2020년보다 6.7% 증가했고, 2022년에는
전년에 비해 1.2% 성장한 1조 2,186억 원을 기록했다. 코로
나19로 인한 역성장의 충격에서 벗어나 2년 연속 매출 성장세

를 이어가고 있는 것이다. 이렇게 어려운 경제 환경에서도 꾸준히 매출 실적을 높일 수 있도록 힘을 보탠 제품은 원포원 전략 제품, 즉 한국의 중소기업 제품이다. 원포원 전략 제품의 매출은 3,168억 원으로 2022년 한국암웨이 총매출의 26%에 육박한다.

한국암웨이가 지속적으로 성장하는 원동력은 교육 수준이 높은 우수 여성 회원 확보와 훌륭한 사업 시스템, 우수한 인터넷 인프라 기반, 한국암웨이 임직원들의 헌신과 노력 때문이다. 국내 전역에서 10만 명 내외의 핵심 사업가들이 암웨이 제품의 우수성을 배우고 본인이 직접 제품을 경험하면서 적극적으로 전파한 결과다. 특히 IMF 경제위기 이후에는 대기업 임직원, 전문직 종사자, 교육 수준이 높은 여성 인력들이 대거 가세했고, 2010년 이후 최근에는 중산층 소비자들이 암웨이 제품을 친건강·친환경 제품으로 인식하면서 늘기 시작했다. 2020년 이후에 암웨이 2세대 사업자들이 대거 가세하면서 젊은 층이 유입되기 시작한 것도 매출이 지속적으로 성장하는 이유로 보인다.

제6장

글로벌 No. 1 헬스케어 플랫폼 기업을 꿈꾸다

암웨이의 발전 단계와
향후 비전

　암웨이의 사업 방식은 시대의 발전에 따라 크게 4단계로 볼 수 있다.

　1950년대와 1960년대의 제1세대 사업 방식은 방문판매 방식이고, 1970년대부터 1990년대의 2세대 사업 방식은 다단계판매 방식이며, 2000년대 이후의 3단계 사업 방식은 인터넷 쇼핑몰 기반의 직접판매 방식이다. 2010년 이후 4단계 사업 방식은 스마트폰의 도입 및 확산으로 모바일 쇼핑몰과 SNS 마케팅 방식으로 발전하게 되었다.

　2020년 코로나19가 발생하면서는 사업을 확장시켜온 오프라인 미팅이 가상공간에서의 줌(Zoom) 미팅으로 대체되었고,

본사의 다양한 교육 자료와 콘텐츠 제공으로 플랫폼을 활용한 코칭 비즈니스로 전환하고 있다고 본다.

제1세대 : 방문판매

1959년도에 시작된 암웨이는 제한된 제품의 수와 지극히 적은 사업자 수에도 불구하고 가가호호 집을 방문하면서 판매하는 방식으로 첫해에 50만 달러의 매출을 기록했고, 1960년대 말에는 매출액이 3억 달러에 이르렀다. 그러나 아는 사람에게 파는 이런 판매 방식은 매출 증대에 한계가 있었다.

1990년대 초까지는 불법 피라미드 업체가 사회적 물의를 일으키는 바람에 암웨이도 그 영향으로 사업을 지속하기가 어렵기도 했다.

암웨이가 한국 시장에 진출한 시기는 1991년으로, 당시에는 세제 5개가 제품의 전부였다. 제품 가짓수가 적어서 방문판매 형태로 진행할 수밖에 없었다. 물론 방문판매, 다단계판매는 법적으로 보호를 받지만, 사업을 전개하는 차원에서는 많은 노력이 요구되었기에 회원을 확보하기가 쉽지 않았다. 또 주력 제품인 세제가 고농축이어서 한 번 구매하면 6개월에서 1년간 사용할 수 있었고, 제품 단가도 6,000~7,000원에 불과했다. 이러한 제품으로 1,000만PV를 올리려면 무리하게 판매하거나 밀어내기 식으로 유통시킬 수밖에 없었다.

제2세대 : 다단계판매

1970년대에는 다단계판매라는 용어와 함께 제2세대로 발전한다. 이는 우수한 판매원을 찾아 집중적으로 제품을 잘 팔 수 있는 교육과 훈련을 시켜서 실적을 올리도록 지원하는 방식이다. 제품 유통도 상위 스폰서가 하위 사업자에게 전달해 주는 형태를 띠었다. 그러나 마찬가지로 제품 수가 제한되어서 제품을 많이 팔아야만 생계가 유지되었으니, 대부분 전업 형태로 할 수밖에 없었다. 그래서 암웨이 1세대, 2세대 사업자는 뚜렷한 직업이 없는 블루칼라들이 대부분이었다.

1980년대에 들어서면서 암웨이 매출액이 10억 달러를 넘어서고, 다른 나라에도 암웨이 판매 방식이 소개되기 시작했다.

한국암웨이의 경우는 1990년 중반에서 2000년 초반에 매해 제품이 늘어나면서 방문판매에 한계가 생기자 판매할 사람을 찾는 쪽으로 사업을 전개했다. 이런 방식이 다단계판매 방식이었다. 즉 제품보다는 후원에 중점을 두고 사람을 늘려가는 데 초점을 맞춘 사업 방식이다. 그 결과 돈 욕심 때문에 시작했다가 돈이 안 되면 그만두는 식의 부작용이 생겼다.

1995년 7월에는 다단계판매 방식이 방문판매법 등에 관한

법률로 법제화되고 합법화되면서 잠깐 비약적인 성장을 이루다가 1997년 봄 암웨이와 국내 소비자단체 간의 분쟁에 이어 IMF 사태가 벌어지면서 매출이 일시적으로 떨어졌다. 하지만 1998년 상반기에 시작된 원포원 전략으로 한국 제품들이 병행 유통되기 시작하고 1999년 11월부터 한국암웨이 쇼핑몰이 오픈되면서 매출이 급성장하게 되었다.

제3세대 : 직접판매

1999년 9월부터는 북미 지역을 시발로 암웨이 쇼핑몰을 개설해 지금은 대형 쇼핑몰로 성장해 있다. 암웨이 쇼핑몰에서 취급하는 제품은 기존의 암웨이 제품과 다양한 카탈로그 위탁 제품, 제휴 쇼핑몰까지 포함되어 많은 제품과 서비스가 제공되고 있다.

이렇게 되자 회원들은 안방에서 필요한 제품을 가장 유리한 조건으로 살 수 있게 되어서 판매원 중심의 사업 방식에서 실사용자 중심의 마케팅 방식, 애용자 중심의 마케팅 방식으로 무게중심이 이동되었다. 또한 사업에 필요한 후원 활동들(사업 설명, 제품 소개, 사업 전개 방법 등)을 인터넷의 도움을 받아 전개해나갈 수 있게 되었다.

한국암웨이 쇼핑몰도 2000년 이후 본격화되면서 제품 수가 대폭 늘어나 자가 소비만으로도 점수가 어느 정도 적립되었다. 한국의 경우 한 가구당 월평균 30만 원 정도의 소비가 이루어질 만큼 제품 구색이 다양해졌다. 제품 종수도 대폭 늘어나 450여 가지의 자체 생산 품목과 200여 개의 위탁 생산 제품이 유통되었고, 제품의 품질이 좋다는 인식이 확산되면서 과거 블루칼라에서 화이트칼라나 중산층이 사업자로 대거 합류하기 시작했다.

이러한 사업 환경의 변화는 제품을 판매하지 않고 자가 소비만으로도 최소 보너스 지급 점수인 20만PV 이상을 올릴 수 있었기 때문에 사업 설명과 제품 설명만 잘해도 암웨이 회원을 좀 더 쉽게 확보할 수 있게 되었다.

이때가 암웨이가 다단계판매 방식에서 직접판매 방식으로 전환되는 시기였다고 볼 수 있다. 즉 판매를 잘할 사람을 찾는 것이 아니라 소비를 잘할 애용자를 찾는 것이 우선시되는 방식이다. 물론 상황이 달라진 지금도 암웨이를 예전의 방문판매나 다단계판매 방식으로 진행하는 경우가 있다. 이는 미국에서도 마찬가지다. 어느 곳이나 암웨이를 예전의 방식으로 진행하는 사람들이 있을 수 있는데, 이들이 직접판매 방식에 대한 인식을 흐리게 만들기도 한다.

제4세대 : SNS 마케팅

한국의 경우 2000년 이후부터는 교육 수준이 높고 구매력이 높은 중산층이 대거 합류해 자신에게 필요한 생필품을 암웨이 쇼핑몰에서 스스로 구입하고 있다. 이는 쿠팡이나 인터파크 같은 인터넷 쇼핑몰 이용 방식과 동일하다.

2007년 애플 아이폰이 출시되고 2010년 이후로 스마트폰이 본격 보급되면서 인터넷 쇼핑몰 외에 모바일 쇼핑몰(2011년 5월 오픈)이 급속히 확대되었다. 한국암웨이도 인스타그램, 카카오톡, 페이스북, 카카오스토리 등과 연계해서 양질의 콘텐츠와 프로그램을 선보이고 있으며, 다양한 신제품 자료와 사업에 도움을 주는 동영상은 물론, 다양한 콘텐츠들을 만들어 사업 활동을 돕고 있다.

암웨이 회원들도 2020년부터는 위의 SNS 매체 등을 통해 자신의 제품 감동이나 후기를 남겨서 링크를 타고 들어오는 사람들에게 사업 정보를 공유하여 회원을 늘려나가는 SNS 마케팅 방식을 발전시켜나가고 있다. 지금은 카카오톡을 통해서도 암웨이 제품을 주문하거나 후원 활동을 할 수 있다.

특히 2020년 코로나19 팬데믹을 계기로 암웨이 회원들의 교육이나 미팅도 대부분 온라인상에서 이루어지고 있으며, 심지어 홈 미팅이나 그룹 미팅, 요리 미팅도 화상회의 플랫폼

인 줌을 통해 진행되고 있다. 이제는 만나서 구전하거나 정보를 전달하는 단계에서 벗어나 가상공간에서 구전하거나 정보를 공유하며 회원을 확보하는 수준까지 진일보한 것이다. 거리나 공간의 제한 없이 사업할 수 있다는 것 자체가 혁명이고 비전이다.

초연결 사회와
플랫폼 비즈니스

20년 전에《뉴밀레니엄 시대 최고의 비즈니스》와《아마존이냐 eBay냐 퀵스타냐?》를 집필하면서 '인터넷을 통한 전자상거래가 유통혁명, 소비혁명을 일으킨다'고 썼다고 밝혔었다. 사실 그 책들을 집필할 때만 해도 핸드폰으로 인터넷을 이렇게 자유자재로 쓰게 될 줄은 상상도 못 했다. 지금은 농경사회, 산업사회, 정보화 사회를 거쳐 초연결 사회(Hyper Connected Society)에 진입했다. 애플의 스마트폰을 시작으로 촉발된 지금의 초연결 사회에서 가장 큰 화두는 플랫폼과 네트워크다.

초연결 사회는 정보통신 기술을 바탕으로 사람, 프로세스, 데이터, 사물이 서로 연결됨으로써 지능화된 네트워크를 구축해 새로운 가치와 혁신을 창출하는 사회다. 따라서 오프라인 공간에서 제품과 서비스가 거래되는 것보다 가상의 플랫폼 공간에서 유무형의 콘텐츠가 공유되고 생성되고 거래되는 접속과 연결이 중요해졌다. 세계 시가총액 순위에서 10위 안에 드는 기업들만 봐도 그러한 추세를 느낄 수 있다(이는 2023년 8월 16일 데이터로, 현재 순위 변동이 있을 수 있음을 미리 말해둔다). 스마트폰의 대명사 애플, 챗봇으로 대표되는 마이크로소프트, 검색 서비스의 절대 강자 구글을 운영하는 알파벳, 세계 최대의 온라인 쇼핑몰 아마존, 페이스북과 인스타그램을 운영하는 메타 플랫폼, 전기자동차와 에너지 분야로 영역을 확장해가는 테슬라가 그러하다.

테슬라를 단순히 전기자동차 메이커로 알고 있는 사람들이 많은데, 테슬라는 사실 전기자동차들이 운행하면서 축적되는 전 세계 도로망과 지도 맵 정보를 기반으로 하는 콘텐츠를 제공하는 회사를 지향하며, 궁극적으로는 모든 모빌리티 시장을 선점하겠다는 비전으로 플랫폼을 구축하고 있다. 전기자동차는 데이터를 얻기 위한 도구일 뿐이다.

이들의 공통점은 자체 플랫폼을 구축하여 강력한 회원 데이터베이스를 구축하고, 이를 기반으로 다양한 분야로 확장해가는 기업들이라는 점이다. 이러한 기업들이 플랫폼을 구축하기까지는 많은 자원과 시간이 투입되지만 일단 구축되어 어느 임계점을 넘으면 기하급수적으로 성장하여 해당 분야를 선점하게 된다. 이에 따라 후발 주자들은 신규 진입할 수 없다. 플랫폼 세계에서 2등은 없다. 오직 1등만이 독점적인 우위를 차지한다.

초연결 시대에서는 제품을 만들어서 파는 것으로는 큰 기업 가치를 창출할 수 없다. 어떤 형태로든 특정 분야에서 강력한 플랫폼을 만들어 애용자 네트워크를 선점해야 영향력 있는 기업으로 발돋움할 수 있다. 실제로 전 세계 550개 이상의 호텔과 리조트를 소유한 기업인 힐튼의 시가총액과, 호텔과 리조트를 소유하지 않은 숙박 공유 서비스 업체인 에어비앤비의 시가총액이 거의 비등할 정도로 커졌으며, 자동차를 만들어서 파는 세계 최대의 기업 GM보다 차량 공유 서비스 업체인 우버의 시가총액이 더 높은 것이 그 예다. 우버는 고객들의 니즈를 충족시키는 플랫폼 비즈니스 기업으로, 플랫폼상에서 서비스 제공자와 서비스 수요자를 연결시켜준다. 이런 기업들은 서비스를 경험한 고객들이 자발적으로 후기를 적고 입소문을 내도록 유도해서 고객들의 인적 네트워크가 자사의 플랫폼으로 유입되도록 마케팅 정책을 펴고 있다. 그 결과 대부분의 제품과 서비스는 현물 시장이 아닌 가상의 플랫폼상에서 거래가 이루어진다.

글로벌 No.1 헬스케어 플랫폼 기업을 향하여

암웨이는 겉으로 보기에는 제조 회사나 유통 회사로 보인다. 그래서 과거의 회원들은 세제 회사, 생필품 회사, 화장품 회사, 건강식품 회사로 생각해 암웨이 제품들을 판매하여 돈을 버는 것으로 생각했다. 그러나 지금은 세제를 팔고 화장품이나 건강식품을 판매하는 회사가 아니라 암웨이 쇼핑몰을 통해 회원들에게 인터넷 쇼핑몰 사업의 기회를 제공하는 회사로 안내하고 있다. 더 이상 제품을 파는 행위로는 네트워크를 키울 수도 없고 돈도 되지 않는다.

그래서 암웨이는 회원들이 자신들의 인적 네트워크를 암웨이 쇼핑몰에 연결시켜 각자 필요한 생필품 등을 자가 소비하면 소비 점수를 실시간 집계하고 네트워크 점수로 합산하여 자동으로 캐시백 해주는 독특한 보상 방식을 채택하고 있다. 이러한 보상 방식에 눈을 뜬 회원들은 강력한 애용자가 되었고, 이러한 충성고객들은 암웨이가 플랫폼 비즈니스로 전환하는 데 큰 버팀목이 되었다.

특히 암웨이는 전 세계 최고의 건강식품 회사 뉴트리라이트를 소유하고 있으면서 90년 이상 쌓아온 건강식품과 영양소 관련 임상자료들을 독보적인 수준으로 가지고 있다. 앞선 건강·의료 분야의 연구를 통해 향후 인류의 건강은 유전자에 달려 있는 것이 아니라 마이크로바이옴이 얼마나 균형 있게 분포하고 있는가에 달려 있다는 것이 속속 밝혀지고 있다. 즉 인간의 유전자를 해독하고 나서도 질병의 원인과 건강 상태를 예측하는 게 어렵고, 유전자가 같은 쌍둥이라도 각기 다른 환경에서 자라면 노화 진행이나 질병 여부가 다르게 나타나는 것은 유전자보다도 인간의 몸속에 서식하는 수십조 개 미생물과의 상호작용이 더 중요한 변수라는 것이다.

마이크로바이옴 솔루션은 사람의 몸속에 사는 미생물 생태계(마이크로바이옴)를 분석함으로써 개인별 질병 가능성을 예측하고, 환자마다 올바른 치료법을 찾는 건강 솔루션이다. 체내 미생물(박테리아, 원시세포, 곰팡이 등)은 대장에 제일 많고 구강, 소장과 피부 순으로 많이 분포되어 있는데, 이들의 유전자 수는 인간의 유전자 수의 수백 배에 이른다. 마이크로바이옴은 인간 유전자와 상호작용을 하거나 대사 산물을 생성해서 건강에 직접 영향을 미치게 된다.

즉 인간은 마이크로바이옴의 다양성이 클수록 건강해지고, 마이크로바이옴의 다양성이 감소할수록 면역력 저하 등 각종 질병에 걸릴 가능성이 높기 때문에 자신에게 맞는 마이크로바이옴을 찾고 관리하는 것이 무병장수의 시작점이라는 게 현대 의학계의 시각이다.

사람의 유전자를 파악한 게 최근의 일인데, 장에 살고 있는

2,000여 종 미생물의 생태계를 파악하고 이해하는 것은 지난한 일이 될 것이다. 지금 인류가 겨우 알아낸 장내 미생물은 장에 유익한 유산균이라 불리는 미생물 1종에 대한 것이고, 이를 대량 생산해낼 수 있는 종도 몇 가지로 제한되어 있다. 이를 상품화해서 나온 것이라고 하니 미생물 연구가 얼마나 초보 수준인지 알 것이다.

하지만 암웨이는 2017년부터 세계적 수준의 첨단 바이오 기업 HEM파마와 손잡고 마이크로바이옴 연계 유산균을 실험 연구하고 있으며, 이를 데이터베이스화하여 솔루션을 만들어가고 있다. 이 연구는 한 사람 한 사람의 대변을 채취하여 장과 동일한 실험 장치를 만들어서 미리 그루핑해놓은 유산균 샘플을 투입해 대변 내 미생물들이 얼마나 다양하게 활성화되는지를 분석한 후 장에 적합한 유산균을 찾아주는 방식으로 진행되는데, 그 과정에서 많은 노력이 들어간다. 이러한 실험 방식으로 많은 임상 데이터가 쌓이면 향후 마이크로바이옴 분석을 통해 개인의 질병을 예측 및 예방하고, 치료 가능한 솔루션을 제공할 수 있게 된다.

암웨이는 한국은 물론 전 세계적으로 마이크로바이옴 관련 데이터베이스를 가장 많이 확보하고 가장 빠른 속도로 축적하고 있는 선두 기업이다. 향후 헬스케어나 바이오 시장은 미생물이나 마이크로바이옴 시장에 달려 있음을 인지하고 발 빠르게 건강 정보 데이터베이스를 구축하고 있기 때문이다. 그 노력의 일환으로 이미 '마이랩', '그로잉랩' 등의 개인 맞춤형 마이크로바이옴 솔루션을 출시해 서비스하고 있으며, 이의 결과물도 데이터베이스에 기하급수적으로 축적되고 있다. 그 대상도 성인은 물론 어린이, 노약자까지 전 연령층을 망라한다.

한편으로는 정부와 협업해서 기존 의료기관이나 보건소의 건강검진 데이터와 식생활 습관 데이터와 연계해서 인간의 노화지수, 대사질환 상태, 노화 속도, 건강신호등 지표 등을 연구하여 '웰니스랩' 출시를 눈앞에 두고 있다.

이런 플랫폼 서비스가 완성되면 통합 축적된 건강 정보 및 마이크로바이옴 데이터를 기반으로 유아부터 노인까지 전 생애에 걸쳐 건강 상태를 모니터링해주고, 발병 가능성이 있는 질병을 예측 및 예방하고 치유할 수 있는 개인 맞춤형 솔루션을 제공받을 수 있게 된다. 이는 단순히 음식이나 건강식품에 국한되지 않고 건강에 영향을 주는 화장품, 보디 케어 용품, 헤어 케어 및 구강 케어 용품 등으로도 확대되어 적용될 것이다. 암웨이는 친환경·친건강 생활용품을 제조 및 판매하는 명품 회사로서 토털 건강케어가 가능하며, 글로벌 1위 헬스케어 플랫폼 기업이 될 것으로 예측된다.

앞으로는 중환자 이외의 일반인은 질병과 노화를 예방하고 치료하기 위해서 병원에 가는 것이 아니라 암웨이 헬스케어 플랫폼에서 코치를 받아야 건강한 삶, 무병장수의 삶을 살 수 있게 될 것이다. 글로벌 No.1 헬스케어 플랫폼 기업, 이것이 암웨이가 꿈꾸는 세상이다.

이에 따라 사업 방식도 건강 정보 데이터베이스를 분석해 일대일 맞춤형으로 제품과 서비스를 제공하면서 회원을 늘려가는 건강 코칭 비즈니스나 전 생애의 건강 문제를 해결해주는 고품격 라이프 코칭 비즈니스 형태로 발전될 것이다. 여러분은 그 속에서 라이프 코칭을 해주는 전문가로 거듭나 많은 사람의 인생을 건강하고 풍요롭게 만들어주는 멋진 성공자가 될 것이다.

암웨이 사업의
본질

많은 사람이 암웨이를 안다고 하지만 제대로 아는 사람은 별로 없다. 암웨이 제품을 한두 번 써보거나 보상 플랜을 한두 번 들어봤다고 다 아는 것처럼 착각한다. 젊은이들이 선망하는 회사가 삼성전자인데, 여러분은 삼성전자를 잘 아는가? 대부분 안다고 할 것이다. 그럼 무얼 아느냐고 물으면 대부분 대답을 못 한다. 암웨이도 그 수준이다. 언론에 노출된 기사 몇 줄과 옆집 누군가가 암웨이에 대해 하는 말을 듣고 암웨이를 안다고 단정한다.

그러나 암웨이는 그렇게 간단하지 않다. 내가 25년 이상 책을 보고 연구하고 제품을 써보고 사업을 해보고 암웨이 본사도 방문해보고 큰 행사에도 참여해봤지만, 암웨이에 대해 여전히 모르는 부분이 많다. 하지만 분명한 것은 암웨이는 경제적인 자립을 통해 내가 꿈꾸는 자유로운 인생을 살 수 있는 사업 기회를 주고, 많은 사람에게 꿈과 희망을 여전히 주고 있다는 사실이다. 돈을 벌기에 급급한 인생에서 가치 있는 꿈을 추구하는 인생을 살 때 비로소 사람들은 삶의 의미와 보람을 느끼며 자존감을 찾게 된다. 암웨이 사업은 이것이 가능하도록 돕는다.

중요한 것은 암웨이를 통해 경제적인 자립을 이루려면 암웨이 사업의 본질을 깨닫고 행동으로 옮겨야 한다는 점이다. 암웨이를 취미처럼 하면 경제적인 자립을 이룰 수 없다. 암웨이를 사업처럼 해야 경제적인 자립을 누릴 수 있다. 내가 경제적으로 자립해야 남을 도울 마음이 생긴다.

암웨이 사업의 본질은 2가지이다.

● 다른 사람이 더 나은 삶을 살 수 있도록 돕는다(Helping People live better lives).

● 성공이 입증된 암웨이 사업(사업 방식 프랜차이즈) 시스템을 배우고 그대로 가르친다.

가난과 질병은 정부도 구제 못 한다. 무지하기에 고통받는 것이다. 오직 교육만이 가난과 질병으로부터 자신과 가족을 구제할 수 있다. 나는 암웨이 사업을 통해 그 가능성을 보았다.

가난과 질병으로부터 고통받는 분들에게 꿈과 희망과 용기를 주는 삶을 사는 것이 나의 제1의 미션이다. 얼마나 많은 사람이 영화 〈기생충〉의 군상들처럼 살고 있는가를 생각하면 가슴이 아프다. 꿈도 희망도 없이 가난에 휘둘리고 질병에 휘둘리며 인생의 무게에 짓눌려 사는 사람들에게 용기를 주고 싶다. 암웨이의 건강, 미용, 환경, 재정 교육을 통해 그들에게 희망을 심어주고 싶다.

제2의 미션은 암웨이 사업을 통해 더 나은 세상을 만들고, 후손에게 더 좋은 환경과 유산을 물려주는 것이다. '조직 내 개인은 자신이 그 조직에 합류하기 전보다 더 나은 조직으로 만들 의무가 있다'는 말에 깊이 공감하기 때문이다. 암웨이의 제품은 대부분 친건강, 친자연, 친환경 제품들이라 암웨이 생필품을 사용하는 것만으로도 환경오염을 막을 수 있다고 확신한다. 여기에 덧붙여, 이제 암웨이는 글로벌 No.1 헬스케어 플랫폼 기업을 지향하는 만큼 많은 사람에게 무병장수의 솔루션을 제공하게 될 것이기에 암웨이 사업을 하는 것은 아주 가치 있는 일이다.

제3의 미션은 완벽한 암웨이 사업 시스템을 통해 더 많은 사람과 성공 기회를 나누는 것이다. 암웨이 성공의 핵심은 맥도날드처럼 완벽한 시스템을 구축하고 복제해가는 것에 있다. 완벽한 시스템을 만들어낼 수 있다면 많은 사람이 행복한 인생을 살게 될 것이다.

지금까지 많은 암웨이 성공자가 좋은 시스템을 가르쳐주고 전수해주었다. 거기에 현재의 소셜미디어 기술과 혁신적인 헬스케어 플랫폼 웹을 잘 접목시킨다면 후배 사업자들은 더 좋은 환경에서 사업을 발전시켜갈 수 있을 것이다. 이 책을 쓰는 것도 그런 노력의 일환이라고 생각해주면 고맙겠다.

여러분 앞에 펼쳐질 눈부신 미래에 박수를 보낸다.

세계적인
초우량 기업에게서 배우자

_ 암웨이 편

이 글은 저자가 삼성경제연구소 수석연구원 재직 당시 〈뉴스위크〉 1998년 5월 6일자에 기고했던 글을 일부 수정하여 편집한 것입니다.

생활필수품 제조 회사, 암웨이

미국 미시간주의 소도시 에이다(Ada)에 자리잡고 있는 암웨이(Amway)는 1959년 리치 디보스와 제이 밴 앤델 두 사람에 의해서 시작되었다. 이들 두 사람은 차고에 공장을 설치하고 '엘오씨(LOC)'라는 다용도 액체세제를 만들어 판매하는 것으로 시작하였다. 38년째인 지금, 암웨이는 설립 이래 계속 발전을 하여 2001년 8월 31일 현재 소매가 기준 미화 54억 달러의 매출을 기록하고 있다.

한때 IMF 위기를 몰고 오게 했던 무디스의 모회사인 Dun & Bradstreet사는 이러한 암웨이의 신용도를 60개 등급 중 최고 등급인 5A1으로 평가한 적이 있다. 5A1은 자산이 충실하여 무담보로 돈을 얼마든지 차입해 올 수 있으며 3~5년 내 도산할 확률이 1% 미만인 초우량 기업이나 받을 수 있는 등급이다. 도요타나 소니 등도 5A2 등급(3~5년 내 도산 확률이 7~12%)을 받고 있다고 볼 때, 얼마나 대단한 등급인지 알 수 있을 것이다.

그동안 피라미드라고 외면하던 암웨이의 판매 방식을 국내 대기업들이 적극적으로 받아들이고 있는 것은 퍽이나 아이러니하다. 진로, 엘지, 풀무원 등은 본격적으로 직접판매에 뛰어들고 있고, 삼성은 이미 1990년 초부터 미국의 암웨이 판매망을 통해 전자레인지, 팩시밀리, 최근에는 TV, VTR 등 가전제품을 유통시키고 있다.

그러면 암웨이의 이같은 성장의 원동력은 무엇일까? 그것은 바로 암웨이의 독특한 기업 이념과 직접판매라는 판매 방식의 절묘한 조합 때문인 것 같다. 암웨이의 기업 이념은 '독자적인 사업으로 성공을 꿈꾸는 모든 사람에게 성공의 기회를 제공한다'는 것이다. 우리나라 사람들에게는 다소 생소한 기업 이념이다.

암웨이의 설립자들은 애초에 인종, 종교, 교육 정도, 재산, 사회적 지위를 불문하고 누구든지 사업을 시작할 수 있도록 문호를 개방해놓았다. 이러한 점 때문에 간혹 사회적으로 물의를 일으키는 사람들이 있다.

그리고 이와 같은 사업을 독단적으로 수행하는 회원가입자들을 'IBO(Independent Business Owner)'라고 부르며, 이들은 모두 자영사업자로 등록된다. 자영사업자라는 점에서 타사의 회원제와는 구별되며, 이들은 암웨이 제품을 회원이 아닌 일반 소비자들에게 소매가로 팔 수 있는 권리를 가지게 된다. 일종의 대리점 판매권을 개인에게 주는 형식이다.

현재 암웨이는 450여 종의 자사 제품과 200여 종의 위탁 생산 제품, 10,000여 종의 타사 유명 상품을 취급하고 있으며, 인터넷 쇼핑몰인 퀵스타에서는 100여 개 이상의 타 쇼핑몰과 제휴하여 수십만 가지 이상의 제품을 공급하고 있다.

한국에는 현재 500여 개 이상의 자사 제품과 한국 기업 제품들이 위탁 판매되고 있으며, 취급 종류는 계속 늘어날 전망이다. 2002년 4월 현재, 전 세계 54개국에 지사를 두고 있으며, 80여 개 지역 및 국가에서 사업을 하고 있다.

암웨이 제품을 유통시키는 디스트리뷰터들은 대부분 부업으로 시작한다. 물론 사업으로 연결시키지 않고 제품이 좋아서 자가 소비만 하는 회원도 많다. 회원이 되는 데는 가입비도 없다. 제품을 일정액 이상 구매하여야 한다는 조건도 없다.

모든 회원은 제품을 구입할 때 약 30% 할인된 가격으로 공급받는다. 회원이 아닌 사람은 암웨이로부터 직접 제품을 구입할 수 없다. 반드시 회원인 디스트리뷰터들을 통해서 사야 한다. 회원들은 대부분 필요한 제품을 전화 또는 인터넷으로 주문하며, 주문한 제품은 1∼2일 내에 암웨이 물류센터에서 직접 집으로 배달받는다. 제품이 마음에 들지 않으면 돈으로 얼마든지 환불을 받을 수 있다.

취급하는 품목이 일상생활에서 늘 사용하는 생필품이며, 제품 수가 점점 많아지고 있기 때문에 굳이 제품을 전달하지 않고 자가 소비만 하여도 일정 규모 이상의 보너스를 받을 수 있어 각양각색의 사람들이 참여하고 있다.

1995년 7월, 다단계법이 합법화되면서 한국에는 교수, 중소기업 사장, 대기업 임원, 박사, 의사, 변호사, 회사원, 주부 등 여러 계층의 사람들이 암웨이 비즈니스에 참여하고 있다. 미국의 경우에는 의사와 변호사 등 전문가들이 많이 참여하고 있는 추세이다. 이들 모두는 비즈니스를 하면서 자영사업가로서 서로 동등하게 존중하며, 서로 도우면서 사업을 해나가고 있다. 대다수가 부업으로 활동한다. 다른 직군에서는 전혀 상상할 수 없는 풍경임에 틀림이 없다.

전 세계 330만 명의 고객(디스트리뷰터)이 암웨이 비즈니스에 참여하는 이유는 여러 가지가 있지만 무엇보다도 합리적인 수익 배분 구조에 있는 것 같다. 암웨이는 광고를 안 하며 제품을 대리점 등을 통해 유통시키지 않기 때문에 광고비나 유통 마진을 부담하지 않는다.

제품에 대한 홍보나 유통은 회원들인 디스트리뷰터들이 대신하게 된다. 따라서 절감된 광고비나 유통 마진 기금(총매출액의 30% 정도)을 따로 적립하여, 제품을 자가 소비하거나 유통시킨 디스트리뷰터들에게 수고한 노력에 상응하게 분배해주는 방식을 채택하고 있다.

수익 배분은 1차 보너스, 2차 보너스, 3차 보너스로 대별되며, 각각의 보너스 요율은 정교하게 설계되어 있다. 1차 보너스(21%)는 제품을 유통시킨 양에 따라 결정이 되며, 2차와 3차 보너스(약 9%)는 사업을 같이 하는 사람들을 얼마나 성공적으로 후원해주었는가에 따라 차등 지급이 된다.

아무 조건 없이 자신의 시간과 노력을 투입하면 2~5년 만에 웬만한 대기업 사장 이상의 연봉을 받을 수 있으며, 인세 같은 수입과 상속이 가능하도록 설계되어 있다. 이러한 수익 배분 구조가 디스트리뷰터들 활동의 원동력이 되며, 그 합리성을 인정받아 에디슨 마케팅상을 수상한 바 있다.

암웨이는 또한 모든 제품에 '전 생애 환경평가제'를 채택하여, 제조원료의 선택에서부터 마지막 처분까지 전 생애에 걸쳐 환경영향평가를 실시하고 있다. 이런 환경보호에 대한 노력으로 듀퐁에 이어 'UN 환경 프로그램상'을 수상하기도 했다. 제품에 대한 품질도 '100% 만족보증제'를 실시하고 있다. 다 쓰고 난 빈 용기를 가져다주고 돈으로 요구해도 환불해줄 정도로 품질을 자신한다.

상식적으로 생각하면 도저히 수익을 낼 수 없는 행동을 하면서도 초우량 기업 반열에 당당히 위치한 회사, 많은 기업이 모방하려고 시도했지만 번번히 실패하고 만 회사, 그래서 사회에 많은 부작용을 초래한 원인을 제공했던 회사이다.

암웨이의 독특한 네트워크 판매 방식은 양날의 칼이라 할 수 있다. 충분한 노하우를 바탕으로 잘만 활용한다면 암웨이와 같은 높은 성장률과 안정성을 바탕으로 사회적·경제적으로 크게 기여할 수 있지만, 그렇지 못하면 피해자를 양산시킬 수도 있는 위험성을 가지고 있다. 최근 우리나라 대기업들도 직접판매 시장의 잠재력을 보고 뛰어들기 시작하면서, 네트워크 판매 방식도 이제 보편적인 유통 방식으로 자리매김하게 될 것 같다.

참고 문헌

- 같지만 다른 다르지만 같은, KU today, 2019 Autumn Issue
- 기요사키와 트럼프의 부자, 로버트 기요사키 & 도널드 트럼프, 리더스, 2006년
- 뉴밀레니엄 시대 최고의 비즈니스, 장영, 소호미디어, 2005년
- 더불어 사는 자본주의, 리치 디보스, 아름다운 사회, 1995년
- 수련, 배철현, 21세기북스, 2019년
- 시크릿! 건강 핸드북, 장영, 전나무숲, 2019년
- 암웨이 2024 비즈니스 가이드북, 한국암웨이, 2023년
- 암웨이 사업 제대로 알아보기, 강의노트, 드림비전, 김선기, 2015년
- 어취브, 2001~2023, 한국암웨이, 2023년
- (재무설계) 부자 아빠의 현금흐름표 작성하는 방법 배우기, https://blog.naver.com/limseonkyu59/220357785487
- 질문으로 시작하는 콜드컨택과 답변, 브래드 드헤이븐, 나라북스, 2016년
- 초연결 시대 최고의 비즈니스, 장영, 전나무숲, 2020년
- 카피캣 마케팅, Burke Hedges, 도서출판 금영, 1998년
- 한국암웨이 회사 홈페이지 사진 일부 참조

경영과학박사 장영의 **라이프 코칭 비즈니스**

초판 1쇄 발행 ㅣ 2024년 1월 17일
초판 3쇄 발행 ㅣ 2024년 1월 24일

지은이 ㅣ 장영
펴낸이 ㅣ 강효림

편집 ㅣ 곽도경
표지디자인ㅣ ㈜올컨텐츠그룹
일러스트&내지디자인 ㅣ 주영란

용지 ㅣ 한서지업㈜
인쇄 ㅣ 한영문화사

펴낸곳 ㅣ 도서출판 전나무숲 檜林
출판등록ㅣ 1994년 7월 15일·제10-1008호
주소 ㅣ 10544 경기도 고양시 덕양구 으뜸로 130
위프라임 트윈타워 810호
전화 ㅣ 02-322-7128
팩스 ㅣ 02-325-0944
홈페이지ㅣ www.firforest.co.kr
이메일 ㅣ forest@firforest.co.kr
ISBN ㅣ 979-11-93226-32-2 (13320)

인간의 건강한 삶과 문화를 한권의 책에 담는다

바꾸고, 버리고, 시작하라
나카지마 가오루 지음 | 한고운 옮김

세계 유일 '더블 크라운 앰버서더 DD' 달성, 현재 개인 연매
출 900억 엔으로 암웨이 매출 세계 톱, 수많은 1인 사업자들
의 멘토이자 우상···. 화려한 경력을 소유한 나카지마 가오루
의 부자 되는 비법을 담았다. 어제와 다른 오늘을 꿈꾼다면
지금 당장 '부자 되는 37가지 행동법칙'을 실천하라! 분명히
운은 당신 편을 들어줄 것이다.

인생에서 중요한 것은 모두 초일류에게 배웠다
나카지마 가오루 지음 | 성백희 옮김

세계 최고의 네트워크마케터인 저자는 세계를 무대로 최고
의 성과를 내며 행복한 삶을 살 수 있게 된 비결을 초일류와
만나고 그들에게서 삶의 지혜를 배우고 실천했기 때문이라
고 말한다. 사람은 살면서 누구와 만나고 그들한테서 무엇을
배우느냐에 따라 삶의 질을 높이고 자신을 단련시킬 힌트를
얻을 수 있다. 이 책에 실린 초일류 37명에게서 그 힌트를 찾
아 실천함으로써 인생에 진정한 변화를 일으키자.

지갑이 마르지 않는 평생부자
윤은모 지음

하우스 푸어(House Poor), 에듀 푸어(Edu Poor), 베이비 푸어(Baby Poor) 등 '푸어(Poor)'로 대변되는 현실에서, 축복보다는 재앙으로 다가오는 100세 시대의 목전에서 우리는 경제적으로 조금 더 똑똑해져야 한다. 이 책은 꿈과 희망을 필요로 하는 분들께 큰 도움이 되는 경제 지식과 평생부자가 되기 위한 금융 지능을 키워주는 입문서로서 확실한 대안까지 제시한다.

효소 식생활로 장이 살아난다
면역력이 높아진다
츠루미 다카후미 지음 | 김희철 옮김

'체내 효소(인체에서 생성하는 효소)의 양은 정해져 있기 때문에 효소를 얼마나 보존하느냐가 건강을 좌우한다'고 강조하면서 나쁜 먹을거리와 오염된 환경, 올바르지 않은 식습관 때문에 갈수록 줄어드는 체내 효소를 어떻게 하면 온존하고 보충할 수 있는지를 상세히 알려준다. 그리고 장 건강을 위해 효소 식생활이 얼마나 중요한지 등 장과 면역력에 대해서도 알기 쉽게 설명한다.

전나무숲 건강편지를
매일 아침, e-mail로 만나세요!

전나무숲 건강편지는 매일 아침 유익한 건강 정보를 담아 회원들의 이메일로
배달됩니다. 매일 아침 30초 투자로 하루의 건강 비타민을 톡톡히 챙기세요.
도서출판 전나무숲의 네이버 블로그에는 전나무숲 건강편지 전편이 차곡차곡
정리되어 있어 언제든 필요한 내용을 찾아볼 수 있습니다.

http://blog.naver.com/firforest

 '전나무숲 건강편지'를 메일로 받는 방법
forest@firforest.co.kr로 이름과 이메일 주소를 보내주세요.
다음 날부터 매일 아침 건강편지가 배달됩니다.

유익한 건강 정보,
이젠 쉽고 재미있게 읽으세요!

도서출판 전나무숲의 티스토리에서는 스토리텔링 방식으로 건강 정보를
제공합니다. 누구나 쉽고 재미있게 읽을 수 있도록 구성해, 읽다 보면 자연스럽게
소중한 건강 정보를 얻을 수 있습니다.

http://firforest.tistory.com

📱 **스마트폰으로 전나무숲을 만나는 방법**

네이버 블로그   다음 블로그